맛있다, 밥
おいしい

가로수길 맛집 유노추보
유희영 셰프의 일식 밥 요리

맛있다, 밥
おいしい

유희영 지음

싸이프레스

Prologue

우리는 계절의 변화도 잊은 채 세상이 변해가는 속도에 맞춰 살고 있지만 한편으로는 아날로그적인 삶을 그리워하고 있다. 텔레비전 속 연예인이 아이를 키우는 모습에 열광하고, 하루 세끼를 챙겨먹는 모습을 흐뭇하게 바라보게 되는 것도 같은 의미에서의 그리움일 거라 생각된다. 우리가 잊고 있던 '가장 기본적인 것'에 대한 그리움.

이것은 셰프들이 항상 잊어서는, 놓쳐서는 안 되는 부분이기도 하다. 그들은 매일 새로운 메뉴 개발을 위해 특별한 재료를 찾고, 아이디어를 내며, 수많은 시행착오들을 거치지만 그럼에도 불구하고 간과해서는 안 될 부분이 바로 '기본'이기 때문이다. 새로운 것만 추구하다가는 자칫 처음의 진정성과 의미에서 벗어나 엉뚱한 결과를 초래할 수도 있다.

우리네 식사에서도 마찬가지다. 무엇보다도 식사의 기본이 되는 밥이 맛있으면 그날의 식사는 절반은 성공한 거나 다름없다. 그래서 색다른 재료를 찾기 보다는 좋은 쌀을 구해 맛있는 밥을 짓는 것에 집중하는 편이 훨씬 큰 만족감을 가져다 준다.

전에는 새로운 기술이나 기획을 염두에 두고 책을 집필했다면, 이번 책에서는 좀 더 힘을 빼고 다른 각도로 접근해 보았다. 무엇보다도 우리의 가장 기본적인 먹거리인 '밥'에 집중했다. 각주도, 참고문헌도, 논리도 필요로 하지 않고, 오로지 나의 경험을 바탕으로 메뉴를 구성했으며 전작보다 쉽게, 그리고 즐겁게 썼다.

정성을 담은 한 그릇 밥. 그것은 어떤 화려한 가니쉬에도 소박하고, 그 어떤 거친 재료를 곁들여도 기름지며, 그릇에 담긴 그 자체만으로 완벽하다. 우리에게 가장 기본이 되는 먹거리인 밥, 이는 아무리 세상이 변하고 시대가 바뀌어도 변하지 않았고 앞으로도 그럴 것이다. 밥 짓는 일은 사람의 마음을 사는 일이며, 아픈 사람의 영혼을 안아주는 일이기 때문이다.

그래서 '밥'이다.

2015년 7월
chef 유희영

Contents

Prologue　4

BASIC 01　소스 만들기(마리네이드 소스 | 돈부리다시 | 아마스 | 데리야키 소스 | 사이쿄미소 |
　　　　　 삼바이스(토사스) | 스미소 | 폰즈 | 스시스 | 영소스 | 타르타르 소스　10

BASIC 02　밥 짓기　14

BASIC 03　초밥용 밥 만들기　16

고기를 이용한 **돈부리**

01	소고기 숙주볶음 덮밥	20
02	우삼겹 계란 덮밥(규동)	22
03	데리야키 치킨 덮밥	24
04	치킨 가라아게 덮밥	26
05	닭고기 계란 덮밥(오야코동)	28
06	돈가츠 덮밥(가츠동)	30
07	돼지고기 생강볶음 덮밥	32
08	항정살 미소야키 덮밥	34
09	차슈 덮밥	36
10	삼겹살조림 덮밥(부타가쿠니)	38
11	돼지목살 숯불구이 덮밥	40
12	돈 샤브샤브 덮밥	42
13	함박스테이크 덮밥	44
14	두부튀김 덮밥	46
15	마파두부 덮밥(마보동)	48
16	가지두부볶음 덮밥	50
17	산마 덮밥	52
18	김치 콩비지 덮밥(오카라 고항)	54

해산물로 만든 돈부리

19	새우튀김 덮밥	58
20	덴푸라 덮밥(텐동)	60
21	꼬치튀김 덮밥(쿠시카츠동)	62
22	연어 소보로 덮밥	64
23	일본풍 해물잡탕밥	66
24	키조개 관자구이 덮밥	68
25	꽁치조림 덮밥	70
26	멍게 덮밥	72
27	멍게밥	74
28	어리굴젓밥	76
29	바지락살 덮밥	78
30	산초잔멸치 덮밥	80
31	명란마요 덮밥	82
32	가쓰오부시 비빔밥(네꼬맘마)	84
33	물회밥	86

재료의 맛이 살아 있는
지라시즈시

34	지라시즈시	90
35	계란지단 지라시즈시	92
36	참치 덮밥(뎃카동)	94
37	참치 아보카도 무침 덮밥	96
38	참치뱃살 연어알 덮밥	98
39	네기도로 민물장어 덮밥	100
40	연어 덮밥	102
41	연어 타다키 덮밥	104
42	눈볼대 덮밥	106
43	낫토 야마가케 덮밥	108
44	낫토 김치 덮밥	110
45	한치 낫토 덮밥	112
46	성게알 덮밥	114
47	민물장어 덮밥	116

특별한 소스가 필요 없는
영양솥밥

48	영양솥밥(고모쿠 고향)	120
49	밤밥	122
50	우메보시밥	124
51	굴밥	126
52	전복밥	128
53	백합 미역밥	130
54	도미밥(타이메시밥)	132
55	대구 명란밥	134
56	연어밥	136
57	알밥	138
58	소고기 소보로 비빔밥	140

밥도 되고 죽도 되는 오차스케 / 조스이 / 오카유

59	현미 차밥	144
60	연어 차밥	146
61	우메보시 차밥	148
62	명란 차밥	150
63	어란 차밥	152
64	절인 채소 냉차밥	154
65	소고기 조스이	156
66	대구 조스이	158
67	모즈쿠죽	160
68	나메버섯죽	162
69	산마죽	164
70	고구마죽(이모가유)	166
71	전복죽	168

요리 시 참고하세요.
✓ 책에 나온 계량의 단위는 1컵은 20mL, 1큰술은 15mL, 1작은술은 5mL입니다.
✓ 대부분의 일본 식재료들은 온라인 및 오프라인 일식 식재료상에서 구입하실 수 있습니다.
✓ RECIPE 4 영양솥밥은 2~3인분, 나머지 레시피는 1인분 기준입니다.

BASIC 01
소스 만들기

마리네이드 소스

재료
- 꿀 · · · · · · · · · 60g
- 굴소스 · · · · · · · · · 60g
- 진간장 · · · · · · · · · 2큰술
- 물 · · · · · · · · · 350mL
- 후추분 · · · · · · · · · 2작은술
- 계피가루 · · · · · · · · · 1작은술
- 설탕 · · · · · · · · · 2작은술
- 다진 마늘 · · · · · · · · · 2큰술

만드는 법
1 믹싱볼에 재료를 모두 넣고 잘 섞는다.

용도
구이용 육류를 **마리네이드** 할 때 사용한다. 불고기류는 살짝 버무려 구워도 좋고, 두꺼운 스테이크는 하루 정도 재워 사용한다.

마리네이드
고기나 생선을 조리하기 전, 맛을 들이거나 부드럽게 하기 위해 재워두는 향미를 낸 액체

돈부리다시

재료
- 가쓰오다시물 · · · · · · · · · 300mL
- 진간장 · · · · · · · · · 50mL
- 맛술 · · · · · · · · · 25mL
- 청주 · · · · · · · · · 15mL
- 설탕 · · · · · · · · · 4작은술
- 시로미소 · · · · · · · · · 2작은술

만드는 법
1 **가쓰오다시물** 300ml를 끓인 뒤 진간장, 맛술, 청주, 설탕, 시로미소를 넣고 **끓인다**.

용도
오야코동, 규동, 가쓰동 등 각종 돈부리 소스나 스키야키 소스로 활용한다.

가쓰오다시물
재료 물 1L, 다시마 1장(15 X 15cm), 가쓰오부시 1/2컵
1 냄비에 물 1L를 붓고, 다시마 1장을 넣은 뒤 중간 불로 끓인다.
2 냄비가 끓으면 불을 끄고 다시마를 건져낸 뒤 가쓰오부시 1/2컵을 넣는다. 15분 뒤 체에 걸러 사용한다.

아마스

재료
- 물 · · · · · · · · · · · · · · · · 1.1L
- 식초 · · · · · · · · · · · · · · 550mL
- 설탕 · · · · · · · · · · · · · · 400g
- 소금 · · · · · · · · · · · · · · 4작은술

만드는 법
1. 냄비에 재료를 모두 넣고 끓기 직전까지 가열한다.

용도
생선을 절이거나 버무리는 용도로 사용한다. 아마스를 참기름과 섞은 뒤 샐러드 드레싱으로 사용해도 좋다.

데리야키 소스

재료
- 생강 · · · · · · · · · · · · · · 150g
- 마늘 · · · · · · · · · · · · · · 150g
- 당근 · · · · · · · · · · · · · · 150g
- 대파 · · · · 200g(흰 부분만 사용)
- 양파 · · · · · · · · · · · · · · 500g
- 진간장 · · · · · · · · · · · · · 1.8L
- 맛술 · · · · · · · · · · · · · · 1.8L
- 청주 · · · · · · · · · · · · · · 900mL
- 물엿 · · · · · · · · · · · · · · 600g
- 설탕 · · · · · · · · · · · · · · 600g
- 통후추 · · · · · · · · · · · · · 3큰술

만드는 법
1. 생강, 마늘, 당근은 얇게 썬다.
2. 대파는 반으로 자르고, 양파는 납작 썰어 그릴이나 직화로 굽는다.
3. 큰 소스통에 재료를 모두 넣고 1/2로 줄어들 때까지 졸인다.
4. 완전히 식으면 체에 거른다.

용도
구이, 볶음, 무침 등 다용도로 응용이 가능하다.

사이고미소

재료
- 시로미소 · · · · · · · · · · · · 400g
- 맛술 · · · · · · · · · · · · · · 200mL
- 설탕 · · · · · · · · · · · · · · 100g
- 청주 · · · · · · · · · · · · · · 100mL

만드는 법
1. 냄비에 재료를 모두 넣고 약한 불로 끓인다. 이때 바닥이 눌어붙지 않도록 주걱으로 잘 저으면서 끓인다.

용도
미소로 만든 대표적인 소스로 마리네이드용이나 무침용 등으로 사용한다.

삼바이스 (토사스)

재료
- 가쓰오다시물 ········ 700mL
- 진간장 ············· 250mL
- 식초 ··············· 250mL
- 설탕 ················ 80g

만드는 법
1. 냄비에 재료를 모두 넣고 끓기 직전까지 가열한다.

용도
일본의 대표적인 초간장으로 초회소스나 튀김을 찍어 먹는 소스 등으로 사용된다.

스미소 (미소드레싱)

재료
- 아와세 시로미소 ······ 500g
- 식초 ··············· 250mL
- 설탕 ················ 250g
- 맛술 ················ 45mL
- 마늘 ················· 15g
- 생강 ················· 25g
- 참기름 ············ 1/2큰술
- 깨 ·················· 2큰술

만드는 법
1. 믹싱볼에 재료를 모두 넣고 잘 혼합해 사용한다. 이때 마늘과 생강은 믹서에 곱게 갈아 넣는다.

용도
데친 해산물을 버무리거나 채소를 무칠 때 사용하며, 생선회를 찍어 먹는 소스로도 좋다.

폰즈

재료
- 가쓰오다시물 ········ 100mL
- 진간장 ············· 100mL
- 맛술 ·············· 2작은술
- 식초 ··············· 100mL
- 유자 ·················· 1개

만드는 법
1. 믹싱볼에 가쓰오다시물 100mL, 진간장, 맛술, 식초를 섞고 유자 1개 분량의 즙을 넣어 혼합해 사용한다.

용도
새콤한 맛의 소스로 살짝 데친 해산물초회나 얇게 썬 소고기를 적셔 먹으면 깔끔한 안주가 된다.

스시스

재료
- 식초 · · · · · · · · · · · · · · · · · 5.4L
- 설탕 · · · · · · · · · · · · · · · · · 4kg
- 꽃소금 · · · · · · · · · · · · 1.2kg
- 다시마 · · · · · · · · 1장(15x15cm)
- 레몬 · · · · · · · · · · · · · · · · · 2개
- 청주 · · · · · · · · · · · · · · · 400mL

만드는 법
1. 큰 소스통에 식초, 설탕, 꽃소금, 다시마, 레몬(4등분한 뒤 과즙과 함께 사용)을 넣고 잘 섞어 하루를 묵힌 뒤 센 불에 올린다.
2. 끓기 시작하면 불을 끈 뒤 청주를 넣고, 레몬과 다시마에서 나온 불순물을 건져 낸다.

용도
초밥용 샤리(초밥에 사용되는 밥)를 만들 때 사용한다. 일반적인 **스시스**보다 맛이 자극적이라 어떠한 재료의 초밥에 사용해도 잘 어울린다.

스시스
초밥용 밥에 넣는 식초

영소스

재료
- 마요네즈 · · · · · · · · · · · · · · 200g
- 머스터드 · · · · · · · · · · · · · · 80g
- 타바스코 · · · · · · · · · · 4작은술
- 설탕 · · · · · · · · · · · · · · · · · 25g

만드는 법
1. 믹싱볼에 재료를 모두 넣고 혼합해 사용한다.

용도
마요네즈가 들어간 소스로 육류와 튀김요리에 곁들이거나 뿌리는 등 활용도가 높다.

타르타르 소스

재료
- 피클 · · · · · · · · · · · · · · · · · 40g
- 양파 · · · · · · · · · · · · · · · · · 50g
- 삶은 계란(흰자만) · · · · · · 1개
- 마요네즈 · · · · · · · · · · · · · · 40g
- 레몬주스 · · · · · · · · · · · · 1큰술
- 설탕 · · · · · · · · · · · · · · 1작은술
- 타바스코 · · · · · · · · · · 2작은술
- 소금 · · · · · · · · · · · · · · · · · 조금

만드는 법
1. 피클, 양파, 삶은 계란 흰자는 각각 잘게 다져 믹싱볼에 담는다.
2. 마요네즈, 레몬주스, 설탕, 타바스코를 넣고 잘 섞는다.
3. 간이 싱거우면 소금을 넣어 간을 맞춘다.

용도
빵가루를 입혀 튀긴 튀김요리와 잘 어울린다.

BASIC 02
밥짓기

1 쌀 씻기

쌀을 깨끗한 물로 씻어서 쌀에 붙어 있는 겨나 먼지 등의 이물질을 제거한다. 그래야 밥을 지은 다음에도 부패가 잘 일어나지 않고 청결이 유지되며 밥맛도 좋아진다. 따라서 처음에는 손을 가볍게 돌려 저으면서 씻은 뒤 씻은 물을 재빨리 버리고 새 물로 바꿔주는 것이 매우 중요하다. 깨끗한 물이 나올 때까지 여러 번 반복해서 씻는다.

2 쌀 불리기

30분 이상 쌀을 불려서 수분이 쌀 전분 알맹이 속에 골고루 스며들게 해야 한다. 쌀을 물에 충분히 불리는 이유는 밥이 끓을 때 쌀알 내부가 골고루 호화가 되어 찰기와 탄력이 있는 부드러운 밥이 되게 하기 위함이다. 만일 쌀을 충분히 불리지 않은 상태로 가열하면 쌀알의 겉층에 있는 전분이 호화되고, 쌀알 중심부로 수분이 스며들어 열이 전달되는 것을 방해해 속이 딱딱한 밥알이 되기 쉽다. 그렇다고 쌀을 씻은 후 오랜 시간 불려 놓는 것도 안 좋다. 오래 불려 놓으면 쌀겨 냄새가 섞일 뿐만 아니라 영양분이 빠져 나와 밥맛도 떨어지고, 밥알의 모양이 톡톡 살지 못해 맛이 없어 보이기까지 한다.

3 물 붓기

밥의 중량은 대체로 쌀 무게의 2.3~2.5배이므로 물은 쌀 무게의 1.3~1.5배가 들어가는 셈이다. 밥이 끓는 과정에서 증발하는 양을 감안한다면 대개 마른 쌀 무게의 1.5배(부피로는 약 1.2배) 정도가 표준이 된다고 볼 수 있다.

1단계
쌀과 물이 끓을 때, 즉 98~100°C까지 5~10분 정도 계속 온도를 높여 가는 단계. 이 단계에서는 쌀알 내부에 수분이 불충분한 곳으로 흡수가 진전되고, 쌀알 외층에 있는 수용성 당질과 유리아미노산 등이 끓는 물속에 녹기 시작한다.

2단계
쌀에 흡수되지 않고 남은 물을 끓임으로써(7~8분) 쌀의 호화를 급속히 진행시키는 단계. 이 단계에서는 처음 1~2분 정도 센 불로 가열시켰다가 약간 낮춘 상태로 물을 크게 대류시키면서 끓게 만들어 쌀이 골고루 잘 호화되도록 한다. 이때 너무 센 불로 급속히 가열시키면 밥이 다소 꼬들꼬들하게 되고, 심하면 쌀알 내부까지 물이 스며들어서 충분히 호화가 되지 않아 밥알에 딱딱한 심이 있게 된다. 반면 너무 약한 불로 오래 가열하면 무른 밥이 된다.

3단계
물이 쌀에 흡수되거나 증발되고 밑바닥은 눋기 시작하는 단계. 밥물이 완전히 잦고 눋는 소리가 나면 일단 가열을 중단시켜서 10~15분 정도 충분히 뜸을 들이는 시간을 가진다.

4 밥 섞기

밥 짓기가 완전히 끝나면 밥주걱으로 가볍게 밥을 아래·위로 뒤집어 잘 섞고 일구어서 밥알끼리 공간을 두고 떨어질 수 있게 해두어야 밥이 덩어리져 굳는 것을 막을 수 있다. 밥이 약간 눋게 함으로써 구수한 냄새와 맛이 밥 전체에 퍼질 수 있도록 해주고, 구수한 누룽지와 숭늉맛도 함께 즐길 수 있도록 하는 것이 좋다.

BASIC 03
초밥용 밥 만들기

1 — 쌀 씻기 —

큰 그릇에 쌀을 담은 뒤 깨끗한 물을 조금 붓고 살살 문질러서 헹군다. 이때 세게 문질러 씻으면 쌀이 부서지면서 끈적거리기 때문에 맛있는 초밥을 만들 수 없다. 이 작업을 반복해 깨끗한 물이 나올 때까지 반복한 뒤 쌀을 물에 담가 보관한다.

2 — 쌀 불리기 —

씻은 쌀은 겨울에는 2시간 이상, 봄·가을에는 1시간 30분, 여름에는 1시간 동안 물에 담가 불린다. 물에 다 불린 뒤에는 소쿠리에 쏟아 물기를 빼고 표면이 마르지 않도록 젖은 행주로 덮은 뒤 냉장고에 넣어 2시간 이상 보관한다. 이때 쌀 표면에 남아있는 수분이 중심부로 스며들어 쌀알의 겉과 속이 동일한 상태가 되는데, 이렇게 되면 밥을 해도 끈적거리지 않는다.

3 — 밥 하기 —

불린 쌀을 한 번 헹구고 냄비에 담아 물을 부은 뒤 밥을 한다. 많은 사람들이 초밥용 밥은 물을 조금 넣고 되직하게 만들어야 한다고 생각하지만 밥은 질퍽하지만 않으면 되므로 일반 밥과 비슷한 수준으로 물량을 조절한다.

넓은 나무통(한기리)에 뜨거운 밥을 쏟아 붓는다. (전용 나무통 대신 스테인리스 재질의 그릇을 사용해도 된다. 단, 수분 흡수가 잘 안 돼 밥이 끈적하게 완성될 수도 있음을 참고하자.)

4　초밥 비비기

초밥초(스시스, p.13 참고)를 넣을 때는 뜨거운 밥의 표면에 초밥초가 살짝 흐를 정도로 넉넉하게 붓는다.

나무주걱으로 초밥을 털어 내듯이 빠르게 비빈다.

초밥이 식으면(40℃ 정도) 초밥 전용통에 옮겨 담은 뒤 물기를 짠 행주로 덮어 수분이 밥에 충분히 스며들도록 한다. 약 30분이 지나면 사용한다.

5　초밥 사용하기

20년 넘게 한 우물을 파다 보니 일을 대하는 생각도 변하게 된다. 지난 몇 년 간 "요리에서 가장 중요한 포인트는 무엇인가?"라는 질문을 받으면 '조화와 균형'이라고 답했다. 물론 처음부터 그렇게 생각했던 것은 아니다. 의욕이 넘치던 시절에는 소스가 요리의 핵심이라고 믿었고, 테크닉이 가장 중요하다고 생각했던 철없던 때도 있었다. 또 어느 나라 민족의 식문화가 가장 발달했고 미개한지를 따졌던 시절도 있었다.

돈부리는 하나의 그릇 안에 밥과 조화된 또 하나의 요리가 담긴 음식이다. 서민의 먹거리라 저급한 요리라고 평가절하되는 경향이 있지만 맛있게 만든 한 그릇의 돈부리는 고도의 절제와 균형을 통해 조화를 이룬 작품과도 같다. 개발할 때부터 밥과 어울릴 만한 맛을 염두에 두어야 하고, 요리의 간을 맞출 때는 최종적으로 밥과 요리가 섞였을 때의 완성된 맛까지 생각해야 하기 때문이다. 재료와 재료 간에 또는 재료와 소스 간에 조화와 균형감을 간과한다면 맛있는 돈부리를 만들 수 없다.

RECIPE 1

고기를 이용한
돈부리

※ 레시피는 1인분 기준입니다

맛있다, 밥 01

소고기 숙주볶음 덮밥

생선이나 육류에 생강, 간장, 맛술을 넣고 볶거나 조린 것을 '시구레니'라고 하는데, 이는
가장 대표적인 일본 가정식 중 하나이다. 필자는 마지막에 숙주를 넣어 짠맛을 중화시켰는데
숙주는 끓는 물에 살짝 데쳐서 넣었다. 만약 생숙주를 넣으면 익는 과정에서
간장의 짠맛이 흡수되고 수분이 빠지면서 질겨진다.

재료

소고기(불고기용) … 120g
마리네이드 소스(p.10 참고) … 2큰술
양파 … 30g
청경채 … 1송이
숙주 … 100g
생강 … 10g
식용유 … 조금
데리야키 소스(p.11 참고) … 1큰술
굴소스 … 1큰술
크러시드 페퍼 … 1작은술
참기름 … 2작은술
계란(노른자만) … 1개
실파 … 1줄기(초록 부분만 사용)
밥 … 1공기

만드는 법

1. 불고기용으로 준비한 소고기를 3~4cm 길이로 자른 뒤 마리네이드 소스와 함께 버무린다.
2. 양파는 3mm 두께로 썰고, 청경채는 뿌리를 잘라낸 뒤 큰 잎은 2등분한다. 숙주는 끓는 물에 살짝 데친다. 생강은 가늘게 채썰어 찬물에 헹군다.
3. 팬에 기름을 두른 뒤 **1**의 소고기를 넣고 볶는다. 소고기가 익기 시작하면 양파와 숙주, 데리야키 소스, 굴소스, 생강, 크러시드 페퍼를 넣고 더 볶는다. 너무 오래 볶으면 숙주가 질겨지니 소고기가 익으면 참기름을 뿌리고 불에서 내린다.
4. 그릇에 뜨거운 밥을 담고, **3**을 노른자와 함께 밥 위에 올린 뒤 송송 썬 실파를 뿌린다.

1

2

3

맛있다, 밥 02

우삼겹 계란 덮밥 〈규동〉

일본 서민들의 소울 푸드인 '규동'은 요시노야, 마츠야, 스키야 같은 체인점이 일본 전역에 퍼져있어
언제 어디서든 먹을 수 있으며, 푸짐한 양에 비해 가격은 저렴하다.
굽거나 튀기거나 여러 단계의 조리법을 거쳐 완성되는 돈부리와는 달리
만드는 방법이 복잡하지 않고, 주재료가 소고기라서 거부 반응을 보이는 사람도 거의 없다.

고기를 이용한 돈부리

재료

우삼겹 … 120g
실파 … 3줄기
참나물 … 3줄기
양파 … 25g
돈부리다시(p.10 참고) … 120mL
후춧가루 … 조금
계란 … 1개
김 … 조금
밥 … 1공기

만드는 법

1. 길게 늘어진 우삼겹을 3~4cm 길이로 자른다.
2. 실파와 참나물, 양파는 4cm 길이로 자른다.
3. 돈부리 냄비에 실파와 참나물, 양파를 담고 돈부리다시를 부은 뒤 우삼겹을 올리고 중간 불로 끓인다(작은 프라이팬을 사용해도 된다.). 끓는 중간 우삼겹을 젓가락으로 뒤집고 후춧가루를 뿌린다.
4. 계란을 풀어 끓는 돈부리 냄비에 붓는다. 계란이 절반 정도 익으면 불에서 내린다.
5. 그릇에 밥을 담고 그 위에 **4**의 우삼겹과 채썬 김을 올린다.

맛있다, 밥 03

데리야키 치킨 덮밥

데리야키 소스만 준비되어 있다면 집에서도 쉽게 만들 수 있는 요리이다.
닭다리살을 오븐에 초벌구이 한 다음(오븐이 없다면 팬이나 그릴도 문제없다.)
팬에 소스를 붓고 졸여서 완성한다. 이때 너무 많이 졸이면 쓴맛이 나고 색깔도 검게 변해
식감이 떨어지므로 주의한다. 적당히 끈적끈적한 농도로 졸이고 남는 소스는 밥에 뿌려도 좋다.
데리야키 치킨은 안주로도 손색이 없다.

재료

닭다리살 … 1개
마리네이드 소스(p.10 참고) … 1/2컵
식용유 … 조금
단호박 … 50g
실파 … 2줄기(초록 부분만 사용)
생강 … 1개
데리야키 소스(p.11 참고) … 100mL
물 … 100mL
꽈리고추 … 3개
영소스(p.13 참고) … 1큰술
산초가루 … 조금
밥 … 1공기

만드는 법

1 닭다리살은 기름과 뼛조각을 잘 떼어내 마리네이드 소스에 3시간 정도 절인다.
2 기름에 두른 팬에 절인 닭다리살을 올려 옅은 갈색이 될 때까지 굽는다.
3 단호박은 껍질과 씨를 제거하고, 사방 1.5cm 크기의 주사위 모양으로 자른다. 실파는 잘게 썰고, 생강은 가늘게 채썰어 찬물에 헹군다.
4 팬에 기름을 두르고 단호박을 살짝 볶는다. **2**의 닭다리살을 먹기 좋은 크기로 잘라 넣고, 데리야키 소스와 물을 같은 비율로 섞은 뒤 부어서 졸인다.
5 단호박이 완전히 익으면 꽈리고추를 넣고 불을 끈다.
6 그릇에 밥을 담고 그 위에 **5**를 올린다. 영소스를 지그재그로 뿌린다.
7 채썬 생강과 실파, 산초가루를 뿌린다.

맛있다, 밥 04

치킨 가라아게 덮밥

'가라아게'는 덴푸라와 함께 일본의 대표적인 튀김요리 중 하나이다.
재료에 갖은 양념을 하고 전분이나 밀가루로 반죽한 뒤 비교적 낮은 온도에서 튀겨 완성한다.
가라아게는 돈부리뿐만 아니라 맥주 안주나 간식으로도 손색이 없다.
필자는 밥과의 어울림을 위하여 완성된 가라아게에 양파와 팽이버섯 볶음을 곁들였는데,
일반적으로는 튀긴 가라아게에 새콤한 삼바이스를 곁들인다.

재료

치킨 가라아게
닭다리살 … 120g
계란(노른자만) … 1개
청주 … 1큰술
참기름 … 1큰술
간 마늘 … 2작은술
진간장 … 2작은술
후추분 … 조금
설탕 … 1큰술
생강즙 … 조금
전분 … 3큰술
식용유 … 적당량

양파 … 50g
팽이버섯 … 1/2봉지
소금 … 조금
후춧가루 … 조금
데리야키 소스(p.11 참고) … 2큰술
고추기름 … 2큰술
밥 … 1공기

만드는 법

1 **치킨 가라아게**를 만든다.
   1) 닭다리살의 기름과 뼛조각을 잘 떼어내고 1×3cm 크기로 잘라 얇게 저민다.
   2) 대접에 계란노른자와 청주, 참기름, 간 마늘, 진간장, 후추분, 설탕, 생강즙을 넣고 잘 섞은 뒤 저민 닭다리살을 넣고 조물조물 버무려 30분 정도 재워둔다.
   3) 전분을 넣고 걸쭉하게 반죽을 한 뒤 호두알 크기로 동그랗게 만들어 160℃의 기름에 튀긴다.
2 양파는 3mm 두께로 자른다.
3 팬에 기름을 두르고 양파와 팽이버섯을 넣어 센 불에 볶는다. 이때 소금, 후춧가루, 데리야키 소스를 넣는다. 양파의 숨이 죽으면 튀긴 가라아게를 넣고 고추기름을 뿌리며 몇 차례 굴린다.
4 그릇에 밥을 담고 그 위에 가라아게를 올린다.

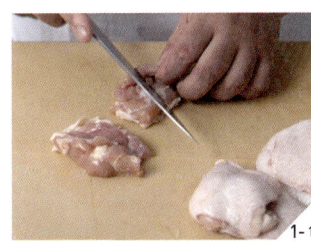
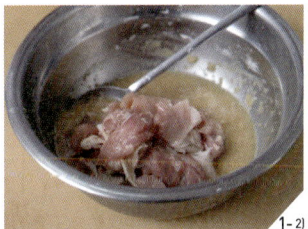

맛있다, 밥 05

닭고기 계란 덮밥 〈오야코동〉

일본 메뉴 이름인 '오야코동'만 봐서는 어떤 재료가 들어갔는지 알 수가 없는 이 돈부리는
돈부리 소스에 닭고기를 넣어 끓이고 계란을 풀어 올린 덮밥이다.
이름을 그대로 직역하면 '아버지와 아들 덮밥'으로 해석될 수 있는데,
이는 돈부리의 주재료가 아빠인 닭과 자식인 계란이 들어갔기 때문이다.
또는 엄마의 마마를 붙여 '마마코동'으로 불리기도 한다.

고기를 이용한 돈부리

재료

닭다리살 … 120g
실파 … 3줄기(초록 부분만 사용)
양파 … 25g
돈부리다시(p.10 참고) … 120mL
계란 … 1개
후춧가루 … 조금
김 … 조금
밥 … 1공기

만드는 법

1. 닭다리살의 기름과 뼛조각을 잘 떼어내고 3mm 두께의 먹기 좋은 한입 크기로 자른다.
2. 실파와 양파는 4cm 길이로 자른다.
3. 돈부리 냄비에 실파, 양파를 담고 돈부리다시를 부은 뒤 닭고기를 올려 중간 불로 끓인다(작은 프라이팬을 사용해도 된다.).
4. 대접에 계란을 풀어 끓는 돈부리 냄비 위에 붓고 후춧가루를 뿌린 뒤 계란이 절반 정도 익으면 불에서 내린다.
5. 대접에 밥을 담고 그 위에 닭고기 돈부리와 채썬 김을 올린다.

맛있다. 밥 06

돈가츠 덮밥 〈가츠동〉

노릇한 갈색 눈꽃이 내린 듯한 모양새, 바삭하면서도 부드러운 빵가루의 식감,
두툼하면서도 육즙이 살아있는 고기, 고소하면서 풍부한 맛 등 모든 조건을 만족시키는 돈가스를 만들기란 쉽지 않다.
그럼에도 불구하고 돈가스는 한 끼 식사 또는 아이들 간식, 간단한 술안주로 가장 쉽게 접할 수 있는 메뉴임이 분명하다.
그러나 만들기 어려운 돈가스일지라도 고기를 재우는 방법, 튀기는 기름의 양, 온도 등
조리 시에 몇 가지 주의점만 지켜준다면 누구나 수준 이상의 돈가스를 만들 수 있다.

고기를 이용한 돈브리

재료

돈가스
돼지고기 등심 … 100g
염지소스 … 적당량
밀가루 … 1/2컵
계란 … 1개
습식빵가루 … 1컵
식용유 … 적당량

실파 … 3줄기
양파 … 25g
참나물 … 3~4줄기
돈부리다시(p.10 참고) … 120mL
계란 … 1개
오크잎 … 조금
밥 … 1공기

염지소스
재료 우유 1컵, 양파 50g, 청주 30mL, 소금 1작은술, 마늘분 1작은술, 생강분 1/2작은술, 소금/후추 조금
1 재료를 모두 믹서에 넣고 곱게 갈아 사용한다.

만드는 법

1 돈가스를 만든다.
   1) 돼지고기 등심을 9mm 두께로 썰고 도마 위에 펼친 뒤 칼끝으로 콕콕 찍어 근육을 풀어준다.
   2) 1)을 염지소스에 담가 버무린 뒤 냉장고에 2시간 동안 보관한다.
   3) 돼지고기 등심에 밀가루, 계란물(1개 분량), 빵가루의 순서로 입힌다.
   4) 175℃의 기름에 돈가스를 튀긴다. 이때 돈가스를 너무 오래 튀기지 않도록 한다(육즙이 빠지고 말라비틀어지기 때문이다. 돈가스가 기름에 떠오른 뒤 기포가 거의 올라오지 않을 때 건져 낸다.).

2 실파는 4cm 길이로 자르고, 양파는 3mm 두께로 길게 자른다.

3 냄비에 실파, 양파, 참나물을 넣은 뒤 돈부리다시를 붓고 끓인다.

4 소스가 끓고 채소가 익으면 **1**의 튀긴 돈가스를 한입 크기로 잘라 끓는 냄비 위에 올린다.

5 계란 1개를 풀어 돈가스 위에 고르게 뿌리고, 계란이 절반 정도 익으면 불을 끈 뒤 그대로 밥 위에 붓는다.

6 오크잎을 채썰어 중앙에 올린다.

맛있다, 밥 07

돼지고기 생강볶음 덮밥

우리나라 양념의 국가대표가 마늘이라면 일본의 국가대표 양념은 생강이다.
생강은 일본의 주방에 항상 준비된 식재료이며, 돼지고기 요리뿐만 아니라 대부분 요리에 들어간다.
자칫 느끼해지기 쉬운 삼겹살 덮밥에 절인 생강을 첨가해 느끼함을 말끔하게 없앴다.

고기를 이용한 돈부리

재료

대패삼겹살 … 130g
마리네이드 소스(p.10 참고) … 60mL
느타리버섯 … 30g
대파 … 70g
양파 … 80g
식용유 … 조금
절인 생강채 … 1큰술
실파 … 3~4줄기(초록 부분만 사용)
밥 … 1공기

만드는 법

1. 해동한 대패삼겹살에 마리네이드 소스를 붓고 버무려 10분간 절인다.
2. 느타리버섯은 잘게 찢고, 대파는 어슷썬다. 양파는 반으로 자른 뒤 2~3mm 두께로 길게 썬다.
3. 팬에 기름을 두르고 예열시킨 뒤 **1**과 **2**의 재료를 함께 넣어 센 불에 볶는다(불이 약하면 육즙이 빠져 물이 많이 생긴다.). 돼지고기가 익으면 절인 생강채를 넣고 몇 번 굴린다.
4. 뜨거운 밥 위에 볶은 돼지고기를 올리고, 실파를 잘게 썰어 뿌린다.

맛있다, 밥 08

항정살 미소야키 덮밥

유노추보의 베스트셀러인 '항정살 호우바야키'를 덮밥으로 변형한 메뉴이다.
지방이 많은 항정살을 미소소스에 재운 뒤 구워서 뜨거운 밥 위에 올렸는데,
쫄깃한 식감의 항정살과 느끼함을 억제하는 미소가 잘 조화된 덮밥이다.

재료

항정살 … 120g
대파 흰 부분 … 3cm
교나 … 30g
사이쿄미소(p.11 참고) … 1큰술
식용유 … 조금
아마스(p.11 참고) … 1큰술
참기름 … 1작은술
검은깨 … 조금
밥 … 1공기

만드는 법

1. 항정살은 두꺼운 기름층을 제거하고 3×1.5cm 크기, 3mm 정도 두께로 썰어 준비한다.
2. 대파는 가늘게 채썰고, 교나는 3cm 길이로 잘게 썬다.
3. 손질한 항정살을 그릇에 담고, 사이쿄미소를 넣어 버무린다.
4. 팬에 기름을 조금 두르고 약한 불에 올려 앞뒤로 굽다가 항정살이 완전히 익으면 센 불에 볶아낸다.
5. 믹싱볼에 교나, 아마스, 참기름, 검은깨를 넣어 빠르게 섞는다.
6. 밥 위에 **5**를 올리고, 그 위에 **4**의 항정살을 올린다. 그리고 채썬 대파를 올린다.

맛있다, 밥 09

차슈 덮밥

차슈는 중국의 동파육과 비슷하다. 삼겹살을 삶고 튀기고 다시 삶는 과정을 통해
부드러운 식감을 만들고 잡내를 없애며 모양이 변형되는 것도 막아준다.
한 번 만들어 국물과 함께 냉동시키면 돈부리뿐만 아니라 국수나 라멘에 곁들임으로 사용하거나
양념을 첨가해서 볶음이나 무침요리로 사용하는 등 응용의 범위가 넓다.

재료

차슈

돼지고기 삼겹살 … 2.5kg
노두유 … 300mL
진간장 … 700mL
식용유 … 적당량
물 … 4L
굴소스 … 100g
맛술 … 500mL
설탕 … 200g
마늘 … 80g
통후추 … 30g
정향 … 10개
레몬 … 1개
대파 … 150g
건고추 … 3~4개
생강 … 80g
양파 … 350g
청주 … 200mL

전분 … 1큰술
물 … 1큰술
노각장아찌 … 조금
실파 … 1줄기(초록 부분만 사용)
산초가루 … 조금
무순 … 조금
밥 … 1공기

만드는 법

1. **차슈**를 만든다.
   1) 통삼겹살을 준비한 뒤 5~6cm 두께로 자르고 끓는 물에 데친다 (1~2분 정도 데쳐 겉만 익게 한다.).
   2) 믹싱볼에 노두유와 진간장 200mL를 넣어 섞고, 데친 삼겹살 표면에 고르게 바른 뒤 약 30분간 담가 표면이 검게 되도록 한다.
   3) 냄비에 기름을 적당량 붓고 150℃로 예열한 뒤 **2)**의 삼겹살을 넣어 표면이 단단해질 때까지 튀긴다.
   4) 냄비에 물 4L를 붓고 진간장 500mL, 굴소스, 맛술, 설탕, 마늘, 통후추, 정향, 레몬, 대파, 건고추, 생강, 양파를 넣어 30분간 끓인다 (마늘, 생강, 양파는 얇게 저미고, 대파는 어슷썬다. 건고추와 레몬은 4~5등분한다.).
   5) 튀긴 삼겹살을 **4)**의 냄비에 넣고 30분간 삶은 뒤 청주를 붓고 5분간 더 삶는다.
   6) 삶은 삼겹살을 건져내 국물과 따로 식힌다. 식은 국물은 체에 걸러서 건더기와 기름을 제거한다.
   7) 차슈를 적당한 크기로 자르고, 식은 국물에 담가 냉장보관한다.
2. 차슈(약 160g)를 3mm 두께로 얇게 썰어 냄비에 넣고, 차슈 국물 2컵(400mL)과 함께 끓인다. 전분을 물과 동량으로 섞어 물전분을 만들고, 냄비에 넣어가며 농도를 맞춘다.
3. 그릇에 뜨거운 밥을 담고, 노각장아찌를 잘게 다져 뿌린다. 그 위에 **2**의 차슈와 국물을 붓고, 잘게 썬 실파와 산초가루를 뿌린 뒤 무순을 올린다.

고기를 이용한 돈부리

1-1)

1-2)

1-3)

1-5)

1-7)

맛있다, 밥 10

삼겹살조림 덮밥 〈부타가쿠니〉

'부타가쿠니'는 일본식 선술집의 대표 메뉴로 부드럽게 조린 큼직한 통삼겹살을 밥 위에 올려
신선한 교나샐러드와 함께 먹는 덮밥이다.
필자는 부드러운 차슈를 다진 마늘과 고추기름을 첨가한
데리야키 소스에 졸여 우리나라 사람들의 입맛에 맞췄다.

고기를 이용한 돈부리

재료

차슈 … 160g
식용유 … 1큰술
고추기름 … 1큰술
다진 마늘 … 1작은술
굴소스 … 1큰술
데리야키 소스(p.11 참고) … 1큰술
실파 … 5줄기(초록 부분만 사용)
밥 … 1공기

만드는 법

1. 차슈를 만든다(p. 37 참고).
2. 차슈를 보관했던 국물에 차슈 160g을 넣고 부드러워지도록 약한 불에 삶는다. 이때 차슈 국물의 양은 차슈가 잠길 정도까지만 붓는다.
3. 차슈를 건져 칼집을 넣는다.
4. 팬에 식용유 1큰술과 고추기름 1큰술을 두르고, 다진 마늘을 넣은 뒤 살짝 가열한다. 굴소스와 데리야키 소스를 넣고, **3**의 차슈 3덩어리와 국물 100mL를 부어 졸인다.
5. 뜨거운 밥 위에 차슈를 올리고, 실파를 잘게 썰어 올린다.

2

3

4

맛있다, 밥 11

돼지목살 숯불구이 덮밥

소, 돼지, 닭 중에 일본에서 가장 많이 소비되는 것은 돼지고기이다.
돼지고기 요리는 일본 전역에 걸쳐 여러 가지 조리법으로 만들어지는데 젊은이들 사이에서는 구워먹는 방식이 인기가 좋다.
필자는 숯불에 맛있게 구운 야키니쿠(고기 구이)에 찬물에 헹군 신선한 양파를 곁들여 밥 위에 올렸다.
이렇게 만들어진 덮밥은 느끼하거나 부담스러운 맛이 없으며, 현재 유노추보 대표 메뉴 중 하나로 꼽힌다.

고기를 이용한 돈부리

재료

돼지목살 … 180g
마리네이드 소스(p.10 참고) … 1컵
데리야키 소스(p.11 참고) … 1/2컵
양파 … 80g
실파 … 2~3줄기(초록 부분만 사용)
무순 … 조금
밥 … 1공기

만드는 법

1. 돼지목살은 9mm 두께로 썰어서 준비한다.
2. 밀폐용기에 마리네이드 소스 1/2컵과 돼지목살을 함께 넣고 1시간 이상 재워둔다.
3. 숯불을 준비하고 열이 오르면 소스에 재웠던 돼지목살을 올려 앞뒤로 굽는다.
4. 숯불에 50% 이상 구워진 돼지목살을 마리네이드 소스 1/2컵과 데리야키 소스를 동량으로 섞은 것에 담근 뒤 굽는다. 두세 번 뒤집어 가며 굽고 먹기 좋은 크기로 자른다.
5. 양파는 얇게 슬라이스하고 찬물에 헹궈 매운 맛을 뺀다.
6. 그릇에 밥을 담고 **4**의 구운 돼지목살을 올린다. 그리고 한쪽에 슬라이스한 양파를 곁들이고, 송송 썬 실파와 무순을 뿌린다.

1

3

4

6

맛있다, 밥 12

돈 샤브샤브 덮밥

이 요리의 포인트는 찬물에 고기를 넣고 익으면 건져내는 방법으로 조리하는 것이다.
어패류나 육류를 데칠 때 찬물에서부터 익히면 육질이 부드러워지고 잡내가 없어진다.
필자는 고기를 삶는 육수로 마늘, 생강 및 채소를 넣고 미리 끓여 식힌 것을 사용하는데,
이렇게 하면 채소의 향이 돼지고기에 약하게 스며들어 풍미까지 좋아진다.
만약 돼지고기를 끓는 물에 바로 넣는다면 고기가 뻣뻣하고 질겨진다.

재료

돈 샤브샤브
돼지고기 전지 … 120g
물 … 2L
생강 … 1개
마늘 … 3개
통후추 … 1큰술
소금 … 2큰술
청주 … 2큰술

오이 … 1/4개
소금 … 1큰술
양파 … 40g
스미소(p.12 참고) … 2큰술
어린잎채소 … 조금
밥 … 1공기

만드는 법

1 돈 샤브샤브를 만든다.
 1) 돼지고기 전지는 샤브샤브용으로 얇게 썰어 둔다.
 2) 냄비에 물 2L와 생강, 마늘을 얇게 썰어 넣은 뒤 통후추와 소금, 청주를 넣고 끓이다가 끓으면 재료를 건져내고 완전히 식힌다.
 3) 2)의 차가운 육수에 1)의 돼지고기를 넣고 약한 불로 서서히 끓이다가 돼지고기가 익으면 하나씩 건져낸다.

2 오이는 원형으로 얇게 썰어 소금에 절였다가 물에 헹구고 꼭 짜둔다. 양파는 채칼을 이용해 얇게 썰고 찬물에 헹군다.

3 그릇에 뜨거운 밥을 담고 돼지고기를 밥 위에 얹는다. 스미소를 고기 위에 뿌리고 절인 오이와 양파를 옆에 곁들인 뒤 어린잎채소를 올린다.

맛있다, 밥 13

함박스테이크 덮밥

밥과 어울리는 부드러운 함박스테이크를 만들어보자.
필자는 반죽에 습식빵가루와 거칠게 다진 양파와 대파를 넣고 치댄 뒤 하루 동안 숙성시켜 패티를 만든다.
두꺼운 패티를 구울 때에도 좀 더 특별한 방법이 필요했다. 우선 패티를 그릴이나 팬에 앞뒤로 굽는다.
그런 다음 물을 붓고 끓인 뒤 다시 소스를 붓고 졸인다.
마지막으로 토마토와 교나샐러드까지 곁들이면 함박스테이크와 밥의 이질감을 충분히 보완할 수 있다.

고기를 이용한 **돈부리**

재료

함박스테이크
돼지고기 다짐육 … 400g
소고기 다짐육 … 300g
습식빵가루 … 100g
간 마늘 … 20g
계란 … 2개
청주 … 2큰술
후추분 … 조금
넛맥분 … 1/2작은술
소금 … 2작은술
양파 … 150g
대파 … 140g(흰 부분만 사용)
토마토 … 1/2개
식용유 … 조금
물 … 1컵
스테이크 소스 … 100mL

교나 … 40g
아마스(p.11 참고) … 2큰술
참기름 … 2작은술
깨 … 조금
영소스(p.13 참고) … 1큰술
밥 … 1공기

만드는 법

1 함박스테이크를 만든다.

1) 믹싱볼에 돼지고기 다짐육, 소고기 다짐육, 습식빵가루, 간 마늘, 계란, 청주, 후추분, 넛맥분, 소금을 넣고, 양파와 대파는 다져서 넣은 뒤 잘 섞는다.

2) 재료를 잘 치대서 냉장고에 보관하고 하루 뒤 다시 치댄다. 그 다음 반죽을 130g씩 나눠 동그랗고 납작한 모양으로 만든다.

3) 토마토는 끓는 물에 살짝 데쳐 껍질을 벗긴 뒤 1cm 두께의 원형으로 자른다.

4) 팬에 기름을 두르고 함박스테이크와 토마토를 올려 앞뒤로 굽는다. 토마토가 익으면 빼두고, 물 1컵을 붓고 끓인다. 물이 절반 정도로 줄어들면 스테이크 소스를 붓고 중간 불에서 졸인다.

2 교나는 깨끗하게 씻어 물기를 털어내고 3cm 크기로 잘라 아마스, 참기름, 깨와 함께 버무린다.

3 뜨거운 밥 위에 **2**의 교나샐러드를 올리고, **1**의 함박스테이크 1개(130g)와 토마토를 잘라 올린다. 그 위에 영소스를 뿌린다.

1-1)

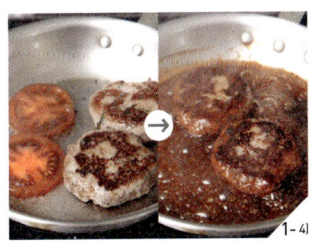
1-4)

맛있다, 밥 14

두부튀김 덮밥

이 요리의 핵심은 감자전분을 입힌 두부가 촉촉해질 때까지 기다렸다가 튀기는 것이다.
이렇게 튀긴 두부의 피는 단단하고 바삭한 편인데 소스를 잘 흡수하며 식감이 쫄깃해
밋밋한 요리를 화려하고 재미있게 만들어준다.

재료

두부튀김
두부 … 1/3모
감자전분 … 1/2컵
식용유 … 적당량

시금치 … 3뿌리
청경채 … 1송이
양파 … 40g
돼지고기 다짐육 … 30g
다진 마늘 … 1작은술
후춧가루 … 조금
굴소스 … 1큰술
데리야키 소스(p.11 참고) … 1큰술
물 … 4큰술
고운 고춧가루 … 1작은술
전분 … 1큰술
참기름 … 2작은술
고추기름 … 2작은술
밥 … 1공기

만드는 법

1 **두부튀김**을 만든다.
   1) 두부는 사방 2cm 크기의 정육면체로 자른다.
   2) 두부를 감자전분 위에 굴려 고르게 묻힌 뒤 170℃의 기름에서 튀긴다. 두부가 떠오르고 표면이 단단해지면 건져낸다. 너무 오래 튀기면 두부가 터시므로 주의한다.

2 시금치는 뿌리를 자르고, 청경채는 4등분해서 물에 씻어 둔다. 양파는 얇게 슬라이스한 뒤 찬물에 두 번 헹궈 매운 맛을 제거하고 물기를 뺀다.

3 팬에 기름을 두르고 예열이 되면 돼지고기 다짐육을 넣어 중간 불로 볶는다. 이때 다진 마늘을 넣고, 후춧가루를 뿌려 함께 볶는다.

4 돼지고기가 익으면 **2**의 시금치와 청경채, 굴소스, 데리야키 소스, 물 3큰술, 고춧가루를 넣고 볶는다.

5 전분과 물을 동량으로 섞어 물전분을 만들고, 끓는 팬에 조금씩 부어 가며 걸쭉하게 농도를 낸다. 그 위에 참기름과 고추기름을 뿌려 윤기가 나도록 한다.

6 뜨거운 밥 위에 **5**를 붓고 **1**의 두부튀김을 가장자리에 올린 뒤 중앙에 양파를 올려 완성한다.

맛있다, 밥 15

마파두부 덮밥 〈마보동〉

마파두부를 간장 베이스인 데리야키 소스로 볶아 만든 일본식 덮밥이다.
물전분은 물과 전분을 동량으로 섞어 만드는데 요리를 하던 프라이팬을 불 위에서 내리고
물전분을 조금씩 넣으면서 저어준다. 이렇게 만들면 전분이 뭉치지 않으며 부드럽고 윤기 있는 마파두부를 만들 수 있다.
이때 고추기름의 양을 조절해 순하게 만들면 아이들이 좋아하는 마파두부를 만들 수 있다.

고기를 이용한 **돈부리**

재료

두부 … 1/2모
시금치 … 3뿌리
청경채 … 1송이
대파 흰 부분 … 10cm
식용유 … 조금
고추기름 … 1큰술
돼지고기 다짐육 … 30g
다진 마늘 … 1작은술
후춧가루 … 조금
굴소스 … 1큰술
데리야키 소스(p.11 참고) … 1큰술
물 … 115mL
고운 고춧가루 … 1작은술
참기름 … 1큰술
실파 … 3~4술기(초록 부분만 사용)
전분 … 1큰술
밥 … 1공기

만드는 법

1 두부를 사방 0.7cm 크기의 정육면체로 자른다.
2 시금치는 뿌리를 자르고, 청경채는 4등분해서 물에 씻어 준비한다. 대파는 칼집을 낸 뒤 결 방향으로 가늘게 채썰고, 찬물에 헹궈 매운 맛을 뺀다.
3 두부를 끓는 물에 30초간 데치고 뜰채로 뜬다. 이때 찬물에 헹구지는 않는다.
4 팬에 기름과 고추기름을 두른 뒤 예열이 되면 돼지고기 다짐육과 다진 마늘을 넣고 후춧가루를 뿌려 함께 볶는다.
5 돼지고기가 익으면 **2**의 시금치와 청경채, 굴소스, 데리야키 소스, 물 100mL, 고춧가루를 넣고 볶는다.
6 전분과 물을 동량으로 섞어 물전분을 만들고, 끓고 있는 팬에 조금씩 부어가며 걸쭉하게 농도를 낸다. 적당한 농도가 되면 **3**의 두부를 넣고 참기름을 뿌린 뒤 몇 번 굴려준다.
7 뜨거운 밥 위에 **6**을 올리고 송송 썬 실파를 얹는다.

맛있다, 밥 16

가지두부볶음 덮밥

일본인들이 가장 좋아하는 여름채소는 아마도 가지가 아닌가 싶다.
가지는 종류도 많고 조리법도 다양한데 필자는 부드러운 가지와 두부를 미소와 쯔유(맛간장)에 졸여
빠르고 쉽게 만들어 먹을 수 있는 덮밥으로 탄생시켰다.

고기를 이용한 **돈부리**

재료

가지 … 1/2개
대파 흰 부분 … 3cm
두부 … 1/2모
가쓰오다시물 … 4큰술
사이교미소(p.11 참고) … 2큰술
쯔유 … 1큰술
고춧가루 … 2작은술
식용유 … 조금
다진 생강 … 1작은술
참기름 … 1큰술
밥 … 1공기

만드는 법

1. 가지는 깍두기처럼 자르고, 대파 흰 부분은 거칠게 다진다. 두부는 끓는 물에 데치고 깨끗한 행주로 물기를 꼭 짠 뒤 으깬다.
2. 가쓰오다시물에 사이교미소, 쯔유, 고춧가루를 넣고 끓인다.
3. 팬에 기름을 넉넉하게 두르고 약한 불에서 다진 대파와 다진 생강을 넣고 볶는다. 여기에 가지와 두부를 넣고 볶으면서 **2**의 소스를 조금씩 섞는다.
4. 참기름을 뿌려 완성한다.
5. 그릇에 밥을 담고 완성된 가지볶음을 올린다.

가쓰오다시물
재료 물 1L, 다시마 1장(15×15cm), 가쓰오부시 1/2컵
1 냄비에 물 1L를 붓고, 다시마 1장을 넣은 뒤 중간 불로 끓인다.
2 냄비가 끓으면 불을 끄고 다시마를 건져낸 뒤 가쓰오부시 1/2컵을 넣는다. 15분 뒤 체에 걸러 사용한다.

맛있다, 밥 17

산마 덮밥

먹어보지 못한 사람들은 "도대체 무슨 맛으로 먹을까?"하며 의아해하지만
따끈한 밥에 조금씩 비벼 먹는 산마의 맛은 정말 매력적이다.
갓 지은 따끈한 밥과 산마의 부드럽고 고소한 맛이 잘 어울려 아침식사로 이보다 좋을 수는 없다.

재료

물 … 200mL
쯔유 … 4큰술
국간장 … 1큰술
맛술 … 2큰술
참마 … 500g
계란 … 1개
대파 흰 부분 … 3cm
김 … 1/2장
와사비 … 10g
밥 … 1공기

만드는 법

1. 냄비에 물과 쯔유, 국간장, 맛술을 넣고 끓인 뒤 식힌다.
2. 강판에 참마를 갈고 젓가락으로 빠르게 휘저어 거품을 낸다. 여기에 계란을 넣고, **1**을 넣어가며 거품을 낸다.
3. 대파 흰 부분은 얇게 송송 썰고, 김은 가늘게 채썬다.
4. 뜨거운 밥 위에 **2**의 마를 올리고 대파, 채썬 김, 와사비를 곁들인다.

2

맛있다, 밥 18

김치 콩비지 덮밥 〈오카라 고향〉

두부의 옛날 이름은 '오카베'라고 하며 '오카라'는 콩비지를 뜻한다.
비지는 두부를 만들 때 나오는 부산물로 영양이 풍부하고 가격도 저렴한 편이다.
서산에 계신 부모님께선 지금도 직접 농사지은 콩으로 두부를 만드시는데,
두부를 만들고 남은 따끈한 비지를 바로 볶았을 때의 그 푸근하고 고소한 맛에 감탄사가 절로 나온다.

재료

말린 표고 … 2장
유부 … 2개
김치 … 80g
당근 … 30g

맛국물

물 … 1L
다시마 … 1장(15x15cm)
하나가쓰오부시 … 1컵
국간장 … 1큰술
진간장 … 1큰술
맛술 … 2큰술
청주 … 2큰술
소금 … 2작은술

설탕 … 2큰술
청주 … 2큰술
맛술 … 2큰술
간장 … 2큰술
국간장 … 1큰술
식용유 … 조금
콩비지 … 250g
참나물 … 3개
밥 … 1공기

만드는 법

1. 말린 표고와 유부는 끓는 물에 데쳐 채썬다. 김치는 국물을 꼭 짠 뒤 가늘게 채썰고, 당근은 잘게 다진다.
2. **맛국물**을 만든다.
   1) 냄비에 물과 다시마를 넣고 중간 불로 끓인다.
   2) 다시마를 건져낸 뒤 하나가쓰오부시를 넣고 식으면 체로 거른다.
   3) 국간장, 진간장, 맛술, 청주, 소금을 넣고 끓인다.
3. 냄비에 설탕, 청주, 맛술, 간장, 국간장을 넣고 살짝 졸인다.
4. 팬에 기름을 살짝 두른 뒤 **1**의 채소를 넣고 볶다가 **2**의 맛국물 200ml를 콩비지와 함께 넣고 나무주걱으로 젓는다. 여기에 **3**의 소스를 조금씩 부어가며 간을 맞춘다.
5. 대접에 밥을 담고 그 위에 **4**와 참나물을 올린다.

2011년 한 방송국에서 기획한 문화탐방 프로그램에 출연한 적이 있다. 이 프로그램의 콘셉트는 필자가 유명 탤런트와 함께 일본 관서지역을 일주일간 여행하며 100년 이상 된 식당을 방문해 일본 문화를 소개하는 것이었다. 이때 가장 마지막 일정은 일본의 3대 온천 중 하나인 '아리마온천'의 료칸에서 목욕을 하고 나와 가이세키 요리를 먹는 것이었다. 먼저 현지에서 생산된 와인이 식전주로 나오고 젠사이(에피타이저)는 수비드 방식으로 만든 요리가 제공됐으며, 찜 요리와 튀김요리로는 생크림과 발사믹식초가 들어간 요리가 차례대로 나왔다. 그 순간 우리는 적잖이 당황할 수밖에 없었다. 일본 전통 코스요리를 촬영해야 하는데 이탈리안 식 재료와 프렌치 스타일의 요리뿐만 아니라 분자요리와 함께 최근 십여 년 전부터 관심을 받아온 수비드 방식의 요리가 계속 나왔기 때문이다. 처음 한두 가지는 편집하고 진행하면 되겠거니 했으나 결국 촬영은 중단되었다. 400년의 역사를 가진 료칸에서 일본의 마지막 밤을 보내며 전통요리를 먹는 장면에서 전혀 예상치도 못했던 요리가 계속 나왔기 때문이었다. 우리는 셰프를 불러 일본의 전통요리를 원한다고 요구했지만 셰프는 우리의 의도를 받아들일 수 없다며 오히려 불쾌해 했다. 그의 생각은 우리와 달랐다. 우리가 원하는 요리는 요즘 일본에서도 잘 먹지 않는 요리이며, 자신들은 고객과 시대에 맞춰 함께 변화해왔다고 말했다. 그렇게 400년을 왔다고…

가이세키 요리 에도시대부터 차려졌던 일본의 연회용 요리

수비드 방식 밀폐된 비닐봉지에 담긴 음식물을 미지근한 물속에 담궈 오랫동안 데우는 조리법

RECIPE
2

해산물로 만든

돈부리

※ 레시피는 1인분 기준입니다

맛있다, 밥 19

새우튀김 덮밥

계란 덮밥 형태의 돈부리로 아이들이나 여성분들이 가장 좋아하는 메뉴 중 하나이다.
바삭하게 튀긴 왕새우를 넣고 끓인 에비후라이동의 첫 맛은 매우 부드럽고,
입안에서 왕새우가 터지면서 느껴지는 두 번째 맛은 매우 고소하다. 또한 풍부한 풍미가 일품이다.

해산물로 만든 **돈부리**

재료

새우튀김

왕새우 … 4마리
밀가루 … 1/2컵
계란 … 1개
습식빵가루 … 1컵
식용유 … 적당량

실파 … 3줄기
양파 … 25g
참나물 … 3~4줄기
돈부리다시(p.10 참고) … 120mL
계란 … 1개
밥 … 1공기

만드는 법

1. **새우튀김**을 만든다.
   1) 새우의 머리를 떼어내고 꼬리 부분 한마디만 남긴채 껍질을 모두 벗긴다. 새우의 내장을 제거하고 다리 쪽으로 칼집을 4~5회 넣은 뒤 새우를 손으로 눌러 근육을 끊어준다. 그 다음 새우를 찬물에 헹구고 마른 행주로 물기를 제거한다.
   2) 새우에 밀가루, 계란, 습식빵가루를 차례대로 입힌다. 마지막 빵가루는 손으로 꾹꾹 눌러 두껍게 입힌다.
   3) 새우를 175℃의 기름에 튀긴다.
2. 돈부리 냄비에 실파, 양파, 참나물, 돈부리다시를 넣고 끓인다(작은 프라이팬을 사용해도 된다.). 채소의 숨이 죽으면 튀긴 새우를 가지런히 올리고, 계란을 풀어 고르게 붓는다.
3. 대접에 밥을 담고 **2**의 냄비의 계란이 60~70% 정도 익으면 밥 위에 가지런히 얹는다.

1-1)

1-2)

1-3)

2

맛있다, 밥 20

덴푸라 덮밥 〈텐동〉

덴푸라는 간단해 보이지만 상당한 기술을 요하는 요리이다.
반죽의 적정 비율과 농도, 기름의 온도, 가열 타이밍 등이 잘 맞을 때
비로소 겉은 바삭하고 속은 촉촉한 부드러운 덴푸라를 만들 수 있다.

해산물로 만든 돈부리

재료

튀김 재료

고구마 … 2쪽
양파 … 1쪽
표고버섯 … 1개
풋고추 … 1개
생선살 … 조금
오징어 몸통 … 조금
새우 … 2마리

계란(노른자만) … 1개
물 … 500mL
레몬즙 … 1/2개 분량
튀김가루 … 1컵
박력밀가루 … 1컵
밀가루 … 1/2컵
김 … 1/4장
노각절임 … 1작은술
후리가케 … 1/2작은술
덴다시 … 120mL
무 … 100g
실파 … 2술기(초록 부분만 사용)
밥 … 1공기

만드는 법

1. 튀김 재료를 손질한다.
    1) 고구마는 2×5cm 크기, 3~5mm 두께로 자르고 물에 헹궈 전분을 씻어낸다.
    2) 양파는 7mm 두께로 썰어 준비한다.
    3) 표고버섯은 기둥을 자르고 칼집을 넣는다. 풋고추는 반으로 쪼개서 씨를 털어낸다.
    4) 생선살은 3~5mm 두께로 자른다.
    5) 오징어는 껍질을 벗기고 칼집을 양쪽으로 넣은 뒤 2×5cm 크기로 자른다.
    6) 새우는 머리를 떼어내고 꼬리 부분 한마디만 남긴채 껍질을 벗긴다. 다리 쪽에 칼집을 넣고 손으로 눌러 근육을 끊어준다.
2. 계란노른자 1개에 물 500mL를 부어 잘 풀어준 뒤 레몬즙을 넣는다. 튀김가루와 박력밀가루는 같은 비율로 섞어 체에 내리고, 계란물과 1:1의 비율로 섞어 반죽한다.
3. 쟁반에 1에서 준비한 재료를 펼쳐 놓고 밀가루를 고르게 입힌다.
4. 3을 2의 반죽에 담갔다가 뺀 뒤 180℃의 기름에 넣고 튀긴다.
5. 재료가 떠오르고 튀김의 표면이 단단해지면 건진다.
6. 대접에 밥을 담고 채썬 김과 다진 노각절임, 후리가케를 밥 위에 뿌리고 튀김을 올린다.
7. 덴다시는 따뜻하게 데우고 강판에 간 무와 송송 썬 실파를 넣어 밥과 함께 낸다.

맛있다, 밥 21

타르타르 소스를 곁들인
꼬치튀김 덮밥 〈쿠시카츠동〉

'쿠시카츠'는 오사카를 비롯한 관서지방의 대표적인 길거리 음식으로
여러 가지 재료에 빵가루를 입히고 꼬치에 꽂아 튀긴 튀김요리이다.
비록 길거리 음식이지만 수십 년의 역사와 전통을 자랑하는 곳도 많고,
각각의 점포마다 특색 있는 소스를 만들어 내놓기도 한다.

해산물로 만든 돈부리

재료

튀김 재료

새우 … 2마리
굴 … 2마리
가리비 … 2마리
오징어 몸통 … 1쪽
생선살 … 1쪽
단호박 … 1쪽
표고버섯 … 1개
밀가루 … 1/2컵
계란 … 1개
습식빵가루 … 1컵
식용유 … 적당량

후리가케 … 1/2작은술
노각절임 … 15g
김 … 1/4장
타르타르 소스(p.13 참고) … 2큰술
밥 … 1공기

만드는 법

1 **튀김 재료**를 손질한다.
  1) 새우는 머리를 떼어내고 껍질을 벗긴다.
  2) 굴과 가리비는 엷은 소금물에 헹궈 껍질 등의 이물질을 제거한다.
  3) 오징어는 껍질을 벗기고 한쪽에 칼집을 넣는다.
  4) 생선살은 2×5cm 크기, 5mm 두께로 자른다.
  5) 단호박은 5mm 두께로 한입에 넣을 수 있는 크기로 자른다.
  6) 표고버섯은 기둥을 떼어내고 반으로 잘라 끓는 물에 살짝 데친다.
2 각각의 재료에 밀가루와 계란물을 골고루 입힌다.
3 빵가루는 손으로 누르면서 입힌다.
4 꼬챙이에 각각의 재료를 꽂고, 175℃의 기름에 튀긴다.
5 그릇에 뜨거운 밥을 담고 후리가케, 다진 노각절임, 채썬 김을 뿌린 뒤 튀김을 올리고 타르타르 소스를 곁들인다.

1

2

3

4

맛있다, 밥 22
연어 소보로 덮밥

생선, 새우, 닭고기 등을 잘게 다지고, 약한 불에서 서서히 볶아
흐트러지게 만든 것을 '소보로' 또는 '오보로'라고 한다.
필자는 소보로를 덮밥 형태로 만들었지만 도시락용이나 밑반찬으로 만들어도 좋은 아이템이다.

재료

연어곤부지메
- 연어 … 500g
- 소금 … 1/2컵
- 다시마 … 1장(15x15cm)
- 청주 … 1/3컵

- 표고버섯 … 2개
- 양파 … 50g
- 당근 … 30g
- 생강 … 1/2개
- 청주 … 2큰술
- 맛술 … 1큰술
- 진간장 … 1큰술
- 설탕 … 1큰술
- 미소 … 1큰술
- 식용유 … 조금
- 교나 … 30g
- 밥 … 1공기

만드는 법

1. **연어곤부지메**를 한다.
   1) 접시에 소금을 뿌린 다음 연어를 올리고 소금으로 덮어 2시간 동안 절인다(여름에는 냉장고에서, 겨울에는 상온에서 절인다.).
   2) 절인 연어를 물에 헹구고 마른 행주로 물기를 닦아 접시에 올린 뒤 다시마로 덮는다. 그리고 다시마에 청주를 여러 번 바른 뒤 랩으로 덮어 8시간 이상 절인다.
   3) 족집게를 이용해 연어의 뼈를 뽑고 껍질을 벗긴다.
2. 표고버섯, 양파, 당근은 사방 0.5cm 크기로 거칠게 다진다. 생강은 강판에 곱게 갈아 준비한다.
3. 연어 300g을 숟가락으로 눌러 부순다. 부서진 연어살은 잘게 다진다.
4. 냄비에 청주, 맛술, 진간장, 설탕, 미소를 넣고 졸인다.
5. 팬에 기름을 두르고 약한 불로 예열한 뒤 다진 연어살을 넣고 볶아 보슬보슬하게 만든다. **2**의 채소와 **4**의 소스를 넣고 계속 볶아 수분을 날린다.
6. 교나는 깨끗하게 씻어 물기를 제거하고 3cm 길이로 썬다.
7. 그릇에 밥을 담고 교나로 덮는다. 그 위에 **5**의 연어 소보로를 올린다.

연어곤부지메
연어 특유의 비린 맛을 잡기 위해 곤부지메를 하지만 상황이 여의치 않다면 그냥 사용해도 된다.

해산물로 만든 돈부리

맛있다, 밥 23
일본풍 해물잡탕밥

일본요리를 와쇼쿠(和食)라 부르고 일본 소는 와규(和牛)라고 부른다.
이처럼 일본 전통의 것이나 일본의 문화를 '와(和)'라고 한다.
'와후(和風)'는 우리나라의 한류(韓流)와 같은 맥락으로 '일본식'이라고 이해하면 되는데,
일반적으로 간장이 들어간 요리 스타일을 와후라고 한다.
이 요리는 해산물을 넣고 걸쭉하게 만든 가쓰오우동 국물을 밥 위에 뿌린 덮밥으로
해산물의 풍미와 소스의 부드러움이 밥과 잘 어울린다.

재료

갑오징어 몸통 … 50g
새우 … 2마리
주꾸미 … 2마리
꽃게 … 1/4마리
홍합 … 3~4마리
청경채 … 1개
브로콜리 … 30g
양파 … 40g

맛국물

물 … 1L
다시마 … 1장(15x15cm)
하나가쓰오부시 … 1컵
국간장 … 1큰술
진간장 … 1큰술
맛술 … 2큰술
청주 … 2큰술
소금 … 2직은술

식용유 … 조금
돼지고기 다짐육 … 30g
감자전분 … 2큰술
물 … 2큰술
참기름 … 2작은술
밥 … 1공기

만드는 법

1. 갑오징어는 칼집을 넣은 뒤 적당한 크기로 자른다. 새우는 등 쪽에 칼집을 넣고 내장을 제거한다. 주꾸미와 꽃게는 적당한 크기로 자른다. 홍합은 끓는 물에 데쳐 손질한다.
2. 청경채는 밑동을 자르고 세로로 3~4등분 한다. 브로콜리는 적당한 크기로 자르고, 양파는 사각형으로 자른다.
2. **맛국물**을 만든다.
   1) 냄비에 물과 다시마를 넣고 중간 불로 끓인다.
   2) 다시마를 건져낸 뒤 하나가쓰오부시를 넣고 식으면 체로 거른다.
   3) 국간장, 진간장, 맛술, 청주, 소금을 넣고 끓인다.
4. 팬에 기름을 두르고 돼지고기 다짐육, 해물, 채소의 순서로 넣어 볶는다. 해물이 익으면 **3**의 맛국물 1/2컵을 붓고 끓인다.
5. 감자전분과 물을 1:1로 섞어 물전분을 만들고, **4**에 뿌려가며 농도를 맞춘 뒤 참기름을 두른다. 그리고 밥 위에 붓는다.

맛있다, 밥 24

키조개 관자구이 덮밥

예전에 초밥집을 운영할 때 바에 앉아 드시는 고객에게 종종 내드리던 요리였다.
키조개 관자를 결 반대 방향으로 잘라 절반만 굽고 데리야키 소스와 시치미를 뿌려 살짝 더 구웠는데,
너무 부드럽지도 밋밋하지도 않은 조개관자의 맛이 초밥과 상당히 잘 어울린다.
이 요리는 익히는 타이밍이 중요하다. 오버쿠킹이 되면 키조개 관자가 질겨지기 때문에 주의가 필요하다.

재료

- 키조개 … 1개
- 데리야키 소스(p.11 참고) … 4큰술
- 시치미 … 2작은술
- 버터 … 2작은술
- 대파 흰 부분 … 1개
- 밥 … 1공기

만드는 법

1. 키조개는 손질하고 결 반대 방향, 1cm 두께로 3등분 한다.
2. 석쇠를 불 위에 올리고 센 불로 가열한다(관자를 빠르게 익히기 위해 석쇠를 미리 가열해둔다.). 석쇠 위에 키조개 관자를 올려 앞뒤로 뒤집으며 굽고, 데리야키 소스 2큰술을 바른 뒤 앞뒤로 한 번씩 더 굽는다.
3. 키조개 관자가 절반 정도 익으면 시치미를 뿌린다.
4. 그릇에 뜨거운 밥을 담고 데리야키 소스 2큰술을 뿌린 뒤 버터를 얹는다. 구운 키조개 관자를 올리고 송송 썬 대파를 곁들인다.

맛있다, 밥 25

꽁치조림 덮밥

꽁치는 잔가시가 많아 통조림을 사용했다.
아주 오래전에 일했던 일식집에서는 반찬으로 꽁치조림을 냈는데
장사가 끝나고 나면 직원들끼리 모여 푹 익은 무와 꽁치를 밥 위에 올려 덮밥으로 만들어 먹곤 했다.
부드럽고 달콤한 무와 꽁치는 밥반찬뿐만 아니라 술안주로도 손색이 없다.

해산물로 만든 돈부리

재료

무 … 150g
진간장 … 1큰술
설탕 … 3큰술
꽁치통조림 … 1캔
국간장 … 1큰술
고춧가루 … 2큰술
다진 마늘 … 2작은술
대파 … 70g
풋고추 … 1개
생강 … 1/2개
밥 … 1공기

만드는 법

1. 무를 큼직하게 썰어 냄비에 담고, 무가 잠길 정도로 물을 부은 뒤 진간장과 설탕을 넣고 끓인다.
2. 무가 익으면서 갈색으로 변하면 꽁치통조림을 넣고 함께 끓인다.
3. 냄비의 물이 졸여지면 국간장, 고춧가루, 다진 마늘을 넣고 끓이다가 국물이 거의 졸여지면 어슷썬 대파와 풋고추를 넣는다.
4. 그릇에 뜨거운 밥을 담고 3의 조림을 올린 뒤 생강을 가늘게 채썰어 곁들인다.

맛있다. 밥 26

고노와다로 버무린
멍게 덮밥

고노와다는 해삼의 창자로 만든 젓갈이다.
해삼의 배를 가르고 창자를 꺼내 그 속의 모래를 잘 씻어 제거한 뒤
소쿠리에 담아 가볍게 소금을 뿌려 만든다. 해삼의 난소인 고노코도 같은 방법으로 절인다.
봄철의 신선한 멍게와 전남 고흥산 고노와다로 만든 이 요리는
바다 내음이 밥 안에 물씬 배어 마니아들에게 최고의 찬사를 받는 요리이다.

해산물로 만든 돈부리

재료

멍게 … 1kg
소금 … 20g 이하
고노와다 … 2큰술
양파 … 40g
시소잎 … 2장
실파 … 3줄기(초록 부분만 사용)
어린잎채소 … 조금
참기름 … 2작은술
와사비 … 1작은술
밥 … 1공기

만드는 법

1 멍게는 껍질을 벗기고 반으로 잘라 잘게 썬 뒤 물기를 털어내고 무게를 측정한다. 멍게살 500g에 소금 10g을 기준으로 넣고 버무린 뒤 밀폐용기에 담아 3일간 절인다.
2 **1**의 멍게살 50g을 물에 살짝 헹구고 물기를 털어낸 뒤 고노와다 2큰술과 섞는다.
3 양파는 채칼로 얇게 밀어 찬물에 헹군 뒤 물기를 털어내고, 시소잎은 가늘게 채썬다. 실파는 잘게 송송 썰고, 어린잎채소는 찬물에 헹군다.
4 그릇에 뜨거운 밥을 담고 시소채와 실파를 골고루 뿌린다. **2**의 멍게를 올리고, 어린잎채소와 양파를 섞어 얹는다. 참기름을 뿌리고 와사비를 곁들인다.

맛있다, 밥 27

멍게밥

멍게비빔밥은 통영을 비롯한 주변 지역의 특산물이다.
유노추보에서는 일 년 중 멍게 맛이 가장 좋은 봄철에 특선 메뉴로 판매하는데 반응이 매우 좋다.
신선한 멍게를 구입해 껍질을 벗기고, 멍게살을 소금에 4~5일간 절이면 멍게에서 물이 생기지 않고 멍게의 향이 농축된다.
멍게무침에 들기름을 몇 방울 떨어뜨려 비벼먹는 멍게밥의 맛은 봄철 입맛을 돋우는 데 더할 나위 없이 좋다.

재료

멍게젓

멍게 … 1kg
소금 … 20g
아마스 … 60mL
고운 고춧가루 … 3큰술
사이교미소(p.11 참고) … 2작은술
마늘 … 1톨
청양고추 … 1/3개

양파 … 50g
실파 … 5줄기(초록 부분만 사용)
김 … 1/4장
계란 … 1개
어린잎채소 … 조금
들기름 … 2작은술
무순 … 조금
와사비 … 1작은술
밥 … 1공기

만드는 법

1. **멍게젓**을 만든다.
   1) 멍게는 껍질을 벗기고 반으로 자른 뒤 물로 모래 등의 이물질을 깨끗하게 씻는다.
   2) 멍게살 500g에 소금 10g을 기준으로 넣고 잘 버무린 뒤 병에 담고 밀봉해서 3일간 절인다.
   3) 절인 멍게를 거칠게 다진다.
   4) 절인 멍게에 아마스, 고춧가루, 사이교미소를 넣는다. 마늘과 청양고추는 곱게 다져서 넣고 잘 버무려 완성한다.
2. 양파는 얇게 채썰어 찬물에 헹군 뒤 물기를 빼고, 실파는 잘게 송송 썬다. 김은 가늘게 채썰고, 계란은 반숙으로 삶는다.
3. 그릇에 뜨거운 밥을 담는다. 채썬 양파와 어린잎채소를 섞어 밥 위에 올리고, **1**의 멍게젓 3큰술을 올린 뒤 들기름을 뿌린다. 멍게 옆에 실파, 무순, 와사비, 채썬 김을 곁들인다.

맛있다, 밥 28

어리굴젓밥

해산물로 만든 돈부리

태안반도는 지리적 여건상 맛좋은 갑각류와 어패류가 많이 잡힌다. 또 그 재료를 이용한 요리도 다양하다.
필자 부모님의 고향이 서산이기 때문에 어리굴젓은 어린 시절부터 매년 겨울마다 먹어왔다.
뜨거운 밥에 삭힌 어리굴젓을 올리고 참기름을 조금 섞어 먹으면 굴의 풍부한 향이 입 안을 가득 채운다.
성인이 되어서도 겨울만 되면 찾아 먹는 밥 중 하나이다.

재료

어리굴젓
자연산 어리굴 … 1kg
꽃소금 … 20g
고운 고춧가루 … 4큰술
식초 … 2큰술
설탕 … 2큰술

대파 흰 부분 … 70g
참기름 … 1큰술
밥 … 1공기

만드는 법

1 **어리굴젓**을 만든다.
   1) 어리굴은 물에 담가 꼼꼼하게 씻는다(껍질이 상당히 섞여있기 때문이다.).
   2) 손질한 굴을 소쿠리에 담아 물기가 빠지면 꽃소금을 넣고 잘 섞은 뒤 병에 담아 밀봉하여 일주일 이상 삭힌다(굴 1kg에 꽃소금 20g 기준).
   3) 잘 삭아 형체가 살짝 뭉개지면 믹싱볼에 옮겨 고춧가루, 식초, 설탕을 넣고 잘 버무린 뒤 병에 담고 이틀 뒤에 사용한다.
2 대파 흰 부분은 얇게 송송 썰어 찬물에 헹군 뒤 물기를 뺀다.
3 그릇에 뜨거운 밥을 담은 뒤 대파를 얹고, **1**의 어리굴젓을 올린다. 그 위에 참기름을 뿌린다.

1-1)

1-2)

1-3)

맛있다, 밥 29
매콤하게 볶은
바지락살 덮밥

데리야키 소스와 굴소스, 참기름의 조합은 필자가 전통 일본요리에서 눈을 돌렸던 2000년 무렵에 개발했던 메뉴에 자주 사용했던 레시피이다.
데리야키 소스와 굴소스를 1:1로 섞어 볶음요리에 양념으로 사용했는데, 이 양념으로 해산물 야키우동, 차슈볶음, 가리비 채소볶음, 새우볶음 등 많은 볶음요리를 만들 수 있다.

재료

- 바지락살 … 100g
- 청양고추 … 1/2개
- 대파 … 70g
- 고추기름 … 2작은술
- 식용유 … 2작은술
- 다진 마늘 … 2작은술
- 굴소스 … 1큰술
- 데리야키 소스(p.11 참고) … 1큰술
- 믹스샐러드
  - 양상추 … 100g
  - 치커리, 비타민, 라디치오, 겨자잎 … 각 30g
- 밥 … 1공기

만드는 법

1. 바지락살을 물에 깨끗하게 씻는다(모래나 껍질 조각이 붙은 경우가 가끔 있기 때문이다.). 청양고추는 얇게 저미고, 대파는 초록 부분과 흰 부분으로 나눈 뒤 초록 부분은 어슷썰고, 흰 부분은 세로 방향으로 가늘게 채썬다.
2. 믹스샐러드는 각 재료들을 한입 크기로 잘라 깨끗하게 씻은 뒤 물기를 제거한다.
3. 팬에 고추기름과 기름을 두르고, 다진 마늘을 넣어 살짝 볶는다. 그리고 바지락살을 넣어 중간 불로 볶는다. 이때 바지락살에서 육즙이 나와 끓으면서 걸쭉한 농도의 국물이 생긴다.
4. 굴소스와 데리야키 소스, 청양고추와 대파(초록 부분)를 넣고 대파의 숨이 죽을 때까지 중간 불에서 볶는다.
5. 그릇에 밥을 담고, 그 위를 믹스샐러드 1/2컵 정도의 양으로 덮는다. 그 위에 3의 바지락 볶음을 올리고, 가늘게 채썬 대파(흰 부분)를 올린다.

1

3

4

맛있다, 밥 30

산초잔멸치 덮밥

'지리멘자코'는 멸치의 치어를 데쳐서 말린 것을 말한다.
일본에서도 우리나라와 같이 간장에 조려 밑반찬으로 먹는다. 그중 대표적인 요리가
멸치조림, 잔새우조림, 콩조림 등인데, 우리나라와는 달리 처음부터 간장에 넣지 않고
튀기거나 삶은 뒤 미리 조려둔 간장에 넣고 살짝 조려서 만든다.
이렇게 만들어진 간장조림은 단단하지 않고 부드러운 맛이 있다.

재료

표고버섯 … 5~7개
잔멸치 … 200g
진간장 … 3큰술
맛술 … 3큰술
청주 … 3큰술
설탕 … 3큰술
식용유 … 조금
아리마산초 … 2큰술
실파 … 5줄기(초록 부분만 사용)
밥 … 1공기

만드는 법

1. 표고버섯은 꼭지를 떼어내고 얇게 채썰어 끓는 물에 삶는다.
2. 잔멸치는 물에 헹군 뒤 소쿠리에 담아 물기를 뺀다.
3. 냄비에 진간장, 맛술, 청주, 설탕을 넣고 걸쭉해질 때까지 졸인다.
4. 팬에 기름을 두르고 **2**의 잔멸치를 넣어 약한 불로 볶는다.
5. 잔멸치가 바삭해지면 **1**의 표고버섯과 아리마산초를 넣고, **3**의 소스를 부어 살짝 졸인다.
6. 그릇에 뜨거운 밥을 담고 송송 썬 실파를 올린다. 그 위에 **5**의 조린 잔멸치 2큰술을 올린다.

맛있다, 밥 31

명란마요 덮밥

껍질을 제거한 명란에 마요네즈를 섞은 것을 뜨거운 밥 위에 올려 비벼 먹는 요리이다.
손쉽게 구할 수 있는 재료와 간단한 조리법임에도 맛과 영양가는 매우 좋다.

해산물로 만든 돈부리

재료

명란젓 … 2덩어리
마요네즈 … 1작은술
실파 … 4줄기(초록 부분만 사용)
참기름 … 2작은술
시소잎 … 1장
밥 … 1공기

만드는 법

1. 명란젓은 껍질에 칼집을 넣어 살짝 벌린 뒤 칼등으로 살살 긁어내 껍질을 제거한다.
2. 명란젓 1큰술에 마요네즈 1작은술을 섞은 뒤 그릇에 담는다.
3. 실파는 잘게 송송 썬다.
4. 그릇에 뜨거운 밥을 담고 참기름을 뿌린다. 밥 가운데에 실파를 뿌리고, 시소잎과 **2**의 명란젓을 올린다.

맛있다, 밥 32

가쓰오부시 비빔밥 〈네꼬맘마〉

〈심야식당〉이라는 일본 드라마에 소개되면서 많은 사람들에게 알려진 요리이다.
만드는 방법은 단순하지만 좋은 재료를 사용하고,
재료간의 어울림을 조절할 수 있어야 맛있는 네꼬맘마를 만들 수 있다.

해산물로 만든 돈부리

재료

버터 … 5g
하나가쓰오부시 … 1/2컵
실파 … 2줄기(초록 부분만 사용)
쯔유 … 1/2큰술
밥 … 1공기

만드는 법

1. 그릇에 뜨거운 밥을 담고, 가운데에 버터를 올린다.
2. 하나가쓰오부시를 밥 가운데에 수북하게 올린다. 만약 하나가쓰오부시 덩어리가 있다면 바로 대패로 밀어 사용한다.
3. 실파는 송송 썰어 뿌리고, 쯔유를 붓는다.

2

맛있다, 밥 33

물회밥

물회는 지역마다 조금씩 다른 특징이 있다. 강원도 북쪽의 물회는 비교적 자극적인 양념을 사용한다. 콩가루 등을 넣어 농도를 걸쭉하게 만들고, 물회에서 건더기를 건져 먹고 남은 양념에는 삶은 소면을 넣어 비벼 먹는다. 반면 남해안 일대는 육수에 정성을 쏟는다. 고기육수를 사용하기도 하고 여러 가지 채소나 마른 생선을 넣어 육수를 내기도 한다. 생선이나 채소도 많이 넣어 밥의 개념보다는 안주 또는 요리의 개념이다. 같은 남쪽이지만 제주도 지방에서는 국처럼 먹는다. 일반적으로 밥과 함께 제공되는데 고등어, 전복, 자리돔, 한치, 성게 등 제주도에서 쉽게 잡히는 생선을 한 종류만 넣어 만든다. 자극적이지 않고 개운한 맛이 특징이다. 여기에서 만든 물회는 회무침에 미역냉국을 결합한 형태이다. 새콤달콤하면서도 매콤한 회무침에 시원하고 개운한 미역냉국을 섞어 밥에 곁들였는데 여름철 유노추보의 계절메뉴로도 인기가 많다.

해산물로 만든 돈부리

재료

- 도미 … 60g
- 전복 … 1마리
- 한치 … 60g
- 양파 … 1/4개
- 오이 … 1/2개
- 배 … 1/4개
- 불린 미역 … 60g
- 청양고추 … 1개
- 초고추장 … 60g
- 와사비 … 1작은술
- 참기름 … 2작은술
- 탄산수 … 150mL
- 국간장 … 1큰술
- 설탕 … 1큰술
- 매실원액 … 2큰술
- 얼음 … 4~5개
- 성게알 … 1/2판
- 밥 … 2/3공기

만드는 법

1 도미는 손질해서 1×3cm 크기로 썰어 준비한다. 전복은 칼질을 촘촘하게 넣고, 칼집 반대 방향, 2mm 두께로 썬다. 한치는 껍질을 벗기고 가늘게 채썬다.

2 양파는 1mm 두께로 길게 썰고, 오이와 배는 3~5mm 두께로 채썬다. 미역은 한입 크기로 자르고, 청양고추는 얇게 저민다.

3 믹싱볼에 도미, 한치, 양파, 오이, 배, 미역, 청양고추를 넣고 초고추장, 와사비, 참기름을 넣어 버무린다.

4 대접에 탄산수를 담고 국간장, 설탕, 매실원액을 넣은 뒤 얼음 4~5개를 잘게 부숴 넣는다. 그 위에 밥 2/3공기를 담는다.

5 대접 중앙에 **3**의 회무침, 채썬 배와 전복, 성게알을 올린다.

십여 년 전, 도쿄 긴자에서 일하는 친구를 찾아 갔다.
일 때문에 방문한 도쿄였지만 객지에서 고생하는 친구에게 위로가 될까 해서
친구 자취방에서 삼일 정도 함께 지냈다. 그러던 중 친구가 근무하는 식당의 주방을
견학할 수 있는 행운이 주어졌다. 말조차 잘 통하지 않는 그곳에서
가장 크게 느낄 수 있었던 것은 재료를 소중하게 생각하는 그들의 문화였다.
일본의 식당도 우리나라처럼 아침에 재료가 입고됐다.
그 재료는 이미 세척과 손질이 완료된 흙 한 점 묻지 않은 신선한 상태였고,
주방 스태프들은 조리를 위해 밑작업이 필요한 것들을 빼고 바로 냉장고에 넣었다.
따라서 주방 구석에 식재료가 쌓여 있는 모습은 찾아 볼 수가 없었다.
그들은 주문을 할 때부터 양을 매우 정확하게 정했다. 대파 1단, 생선 1마리 등의 단위가 아니라
지름 2cm인 대파 5개, 생선 1/2마리 등의 방식으로 주문했고, 아침에 그렇게 배송됐다.
이처럼 재료를 정확하고 신선하게 취급하는 것은 날생선을 많이 먹는 나라의 조리사이기 때문에
자연스럽게 생긴 습성일거라는 생각도 들었지만, 재료를 대하는 태도부터
가슴으로 요리하는 기본을 만들어가는 것은 아닌지 생각하게 된다.

·RECIPE·
3

재료의 맛이 살아 있는
지라시즈시

※ 레시피는 1인분 기준입니다

맛있다, 밥 34

지라시즈시

'지라시'는 '재료를 흩뿌리다'라는 의미를 가지고 있다.
온기가 있는 초밥 위에 다양한 재료를 올리는 지라시스시는 화려해 보이지만 만들기가 까다롭지는 않다.
요즘에는 대형마트 생선코너에서 모둠생선회나 전복 등을 구입하면 어렵지 않게 만들 수 있다.

재료

김 … 1/6장
실파 … 2줄기(초록 부분만 사용)
후리가케 … 조금
광어 … 2쪽
도미 … 2쪽
도미마쓰가와 … 2쪽
성게알 … 1마리분
고등어 … 2쪽
연어 … 2쪽
단새우 … 2마리
문어 … 조금
계란말이 … 조금
무순 … 조금
와사비 … 10g
초밥용 밥(p.16~17 참고) … 1공기

만드는 법

1 김은 가늘게 채썰고, 실파는 잘게 송송 썬다.
2 온기가 있는 초밥용 밥을 대접에 1cm 두께로 담고, 채썬 김과 후리가케를 뿌린다.
3 밥 위에 광어, 도미, 도미마쓰가와, 성게알, 고등어, 연어, 단새우, 문어, 계란말이를 올린다.
4 실파를 뿌리고, 무순과 와사비를 곁들인다.

맛있다, 밥 35

계란지단 지라시즈시

초밥과 어울리게끔 설탕과 마요네즈를 섞어 만든 계란지단은 부드럽고 달콤하다.
계란지단을 가늘게 채썬 뒤 풍성한 느낌이 나도록 여러 번 풀어서 밥 위에 얹어주면
화려하고 먹음직스러운 지라시즈시가 만들어진다.

재료

표고버섯 … 3개
우엉 … 5cm
진간장 … 2큰술
설탕 … 2큰술
맛술 … 2큰술
청주 … 2큰술
나라즈케(울외장아찌) … 30g
명이절임 … 2장
실파 … 2줄기(초록 부분만 사용)
김 … 1/4장

계란지단

계란 … 2개
마요네즈 … 2작은술
설탕 … 2작은술
물 … 1큰술
청주 … 1작은술
소금 … 조금
식용유 … 조금

후리가케 … 조금
무순 … 조금
와사비 … 10g
초밥용 밥(p.16~17 참고) … 1공기

만드는 법

1. 표고버섯은 끓는 물에 데친 뒤 기둥을 자르고 채썬다. 우엉은 연필 깍듯이 깍는다. 냄비에 진간장, 설탕, 맛술, 청주를 넣고 끓여 걸쭉해지면 표고버섯과 우엉을 넣고 졸인다.
2. 나라즈케는 잘게 다지고, 명이절임은 0.5cm 길이로 다진다. 실파는 잘게 썰고, 김은 채썬다.
3. **계란지단**을 만든다.
   1) 계란 2개에 마요네즈, 설탕, 물, 청주, 소금을 넣고 거품기로 잘 섞은 뒤 체에 거른다.
   2) 팬에 기름을 조금 두르고 **1)**를 부은 뒤 약한 불로 지단을 만든다.
   3) 지단이 식으면 가늘게 채썬다.
4. 그릇에 따끈한 초밥용 밥을 담고 **1**을 올린 뒤 후리가케를 뿌린다. **3**의 계란지단과 실파, 무순을 자연스럽게 올린 뒤 와사비를 곁들인다.

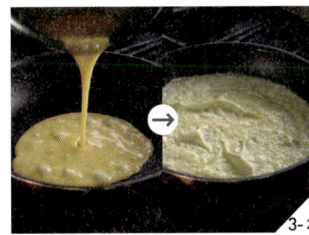
3-2)

3-3)

맛있다, 밥 36

참치 덮밥 〈뎃카동〉

참치로 만든 덮밥을 '뎃카동', '뎃카돈부리'라고 부르는데 뎃카는 '쇠로 만든 부채'라는 의미이다.
간장소스에 절여진 참치의 모양이 마치 쇠로 만든 부채와 닮아 붙여진 이름이다.
일반적으로 참치를 절이는 간장은 일반 간장을 많이 사용하지만 자칫 잘못하면 참치가 너무 짜게 절여지기 때문에
필자는 데리야키 소스를 희석시켜 사용했고, 깔끔한 맛을 내기 위해 생마늘을 갈아 넣었다.

지라시즈시

재료

물 … 1L
소금 … 30g
참치 … 100g

뎃카돈부리 소스
물 … 400mL
데리야키 소스(p.11 참고) … 100mL
다진 마늘 … 20g

김 … 1/4장
노각장아찌 … 조금
실파 … 3~4줄기(초록 부분만 사용)
대파 흰 부분 … 1개
후리가케 … 1/2작은술
무순 … 조금
와사비 1작은술
초밥용 밥(p.16~17 참고) … 1공기

만드는 법

1 참치를 염수해동한다.
   1) 약 40℃의 따끈한 물 1L에 소금을 넣고, 소금이 완전히 녹으면 참치를 담가 해동한다.
   2) 참치가 1/3 정도 녹으면 건져서 물기를 닦은 뒤 냉장고에 넣어 완전히 해동한다.
2 물 400mL에 데리야키 소스와 다진 마늘을 넣고, 믹서에 곱게 갈아 **뎃카돈부리 소스**를 만든다.
3 김은 가늘게 채썰고, 노각장아찌는 밥알 크기로 다진다. 실파는 잘게 썰고, 대파 흰 부분은 세로 방향으로 가늘게 채썰어 찬물에 헹군다.
4 해동한 참치는 8~9쪽으로 포를 뜬다.
5 **2**의 소스에 20분간 담가 마리네이드한다.
6 그릇에 따끈한 초밥용 밥을 담고 채썬 김, 노각장아찌, 후리가케를 뿌린 뒤 그 위에 참치, 무순, 와사비를 올린다. 마지막으로 참치 가장자리에 실파를 뿌리고, 채썬 대파를 올린다.

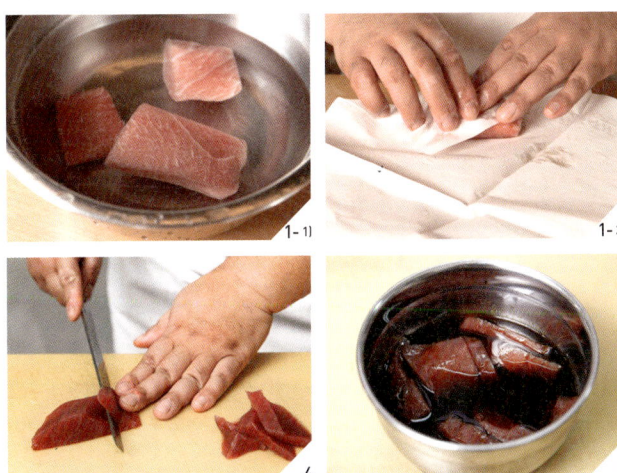

맛있다, 밥 37

참치 아보카도 무침 덮밥

일본의 고급 레스토랑에 가면 참치에 아보카도를 곁들인 요리를 흔히 볼 수 있다.
'참치의 붉은 살과 아보카도를 함께 먹으면 오토로의 맛이 난다.'는 말이 있기 때문이다.
실제로 참치의 고소하고 담백한 맛과 잘 익은 아보카도의 기름지고 부드러운 맛이 합쳐지면
상당히 고급스러운 맛이 나는데, 이를 초밥에 곁들이면 그 효과는 배가 된다.

지라시즈시

재료

참치 … 100g
아보카도 … 1/4개
쯔유 … 1큰술
참기름 … 1작은술
와사비 … 1작은술
실파 … 4~5줄기(초록 부분만 사용)
초밥용 밥(p.16~17 참고) … 1공기

만드는 법

1 참치를 염수해동한다(p. 95 참고).
2 초밥용 밥을 준비한다.
3 해동한 참치는 사방 1cm 크기의 정육면체로 자른다.
4 아보카도는 껍질과 씨를 제거하고, 사방 1cm 크기의 정육면체로 자른다.
5 믹싱볼에 쯔유와 참기름, 와사비를 넣고 잘 섞는다.
6 **3**의 참치를 넣고 함께 버무린 뒤 **4**의 아보카도를 넣고 살살 섞는다.
7 실파는 잘게 송송 썬다.
8 대접에 따뜻한 초밥용 밥을 담고, 실파로 덮는다. 그리고 **6**의 버무린 참치를 올려 완성한다.

맛있다, 밥 38

참치뱃살 연어알 덮밥

참다랑어 대뱃살의 기름진 맛을 소금에 절인 연어알로 잡아줬다.
특별한 조리법이 필요하진 않으며, 재료의 맛을 충분히 느낄 수 있는 요리이다.

재료

- 참치뱃살 … 80g
- 물 … 200mL
- 연어알(이쿠라) … 60g
- 소금 … 2작은술
- 진간장 … 2큰술
- 청주 … 2큰술
- 실파 … 4~5줄기(초록 부분만 사용)
- 대파 흰 부분 … 10cm
- 노각장아찌 … 조금
- 김 … 1/4장
- 후리가케 … 1작은술
- 무순 … 조금
- 단무지 … 조금
- 와사비 … 1작은술
- 초밥용 밥(p.16~17 참고) … 1공기

만드는 법

1. 참치를 염수해동한다(p. 95 참고).
2. 미지근한 물 200mL에 연어알과 소금, 진간장, 청주를 함께 넣어 섞고 30분 뒤 체에 거른다.
3. 실파는 잘게 다지고, 대파 흰 부분은 가늘게 채썰어 찬물에 헹군다. 노각장아찌는 잘게 다지고, 김은 가늘게 채썬다.
4. 대접에 따뜻한 초밥용 밥을 담고, 다진 노각장아찌, 후리가케, 채썬 김을 고르게 뿌린다.
5. 해동한 참치뱃살은 3mm 두께로 썬다.
6. 밥 위에 참치뱃살을 얹고, **2**의 연어알과 실파를 올린다. 가장자리에 무순, 단무지, 와사비를 얹고 중앙에 채썬 대파를 올린다.

4

5

6

맛있다, 밥 39

네기도로 민물장어 덮밥

참치뱃살과 민물장어. 개성이 강한 이 두 재료는 어느 한쪽도 양보할 수 없는 명실상부한 대표선수들이다.
그렇지만 필자는 이 강렬한 재료들을 한 그릇에 담아 부드럽고 고소한 맛이 극대화 되도록 만들었다.
처음에는 민물장어 사이에 참치뱃살을 끼워 넣을까 생각도 했지만 자칫 느끼해질 수 있다는 생각에
참치뱃살을 대파와 함께 다져서 만든 네기도로를 선택했다.

재료

민물장어구이
민물장어 … 1/2마리
식용유 … 조금
데리야키 소스(p.11 참고) … 100mL
맛술 … 50mL
청주 … 100mL

네기도로
참치뱃살 … 80g
소금 … 조금
대파 흰 부분 … 10cm

계란 … 1개
생크림 … 4작은술
물 … 4작은술
설탕 … 2작은술
생강 … 1개
실파 … 3줄기(초록 부분만 사용)
초밥용 밥(p.16~17 참고) … 1공기

만드는 법

1. 초밥용 밥을 준비한다.
2. **민물장어구이**를 한다.
   1) 장어는 흐르는 물에 담가 핏물을 빼고, 표면을 칼로 긁어 이물질을 제거한다.
   2) 기름을 두른 팬에 장어를 노릇하게 굽고, 뜨거울 때 얼음물에 담가 기름을 빼둔다.
   3) 팬에 데리야키 소스, 맛술, 청주를 넣고 끓이면 장어를 넣어 걸쭉하게 졸인다.
3. 참치뱃살은 염수해동(p.95 참고)한 뒤 잘게 다진다. 이때 소금과 대파 흰 부분(참치양의 1/4 정도)도 함께 넣고 다진다.
4. 계란에 생크림과 물, 설탕을 넣고 잘 섞어 체에 거른 뒤 팬을 약한 불로 달구고 지단을 만들어 가늘게 채썬다.
5. 생강은 가늘게 채썰어 찬물에 헹구고, 실파는 잘게 다진다.
6. 대접에 따뜻한 초밥용 밥을 담고, 계란지단을 넓게 펼쳐 밥을 덮는다.
7. 그 위에 **2**의 장어와 **3**의 다진 참치뱃살, 실파를 올리고, 생강채를 전체적으로 뿌려 완성한다.

맛있다, 밥 40

연어 덮밥

얼마 전까지만해도 우리나라에서 연어는 비인기 어종이었다.
때문에 연어회로 메뉴 개발을 하는 것은 상당한 모험이었다.
국내에 유통되는 연어는 대부분 노르웨이나 알래스카로부터 냉장된 상태로 수입된다.
우리나라 사람들은 살아있는 생선을 숙성시키지 않고 바로 먹는 것을 선호하기 때문이다.
필자는 연어 특유의 냄새와 뭉클거리는 느끼함을 없애기 위해 '곤부지메'해서 덮밥을 만들었다.
'곤부지메'란 재료를 소금으로 절인 뒤 청주에 불린 다시마에 재우는 방법이다.
이렇게 하면 살이 단단해지고 감칠맛을 만들어주며 보존기간을 늘려준다.

지라시즈시

재료

연어 … 160g
김 … 1/4장
노각장아찌 … 조금
양파 … 40g
실파 … 2줄기(초록 부분만 사용)
시소잎 … 2장
후리가케 … 1작은술
연어알 … 1큰술
무순 … 조금
와사비 … 1작은술
초밥용 밥(p.16~17 참고) … 1공기

만드는 법

1. 연어를 곤부지메(p.65 참고)한다.
2. 김은 가늘게 채썰고, 노각장아찌는 다진다. 양파는 채칼로 얇게 밀고 찬물에 헹궈 매운맛을 뺀다. 실파는 얇게 다지고, 시소잎은 가늘게 채썬다.
3. 그릇에 따뜻한 초밥용 밥을 담고, 그 위에 채썬 김, 후리가케, 노각장아찌를 고르게 뿌린다.
4. 곤부지메한 연어 160g을 3mm 두께로 썰어 초밥용 밥 위를 돌려가며 덮는다.
5. 중앙에 얇게 썬 양파를 올리고, 실파와 시소잎을 자연스럽게 뿌린다. 연어알을 올리고, 무순과 와사비를 곁들인다.

3

4

연어곤부지메
연어 특유의 비린 맛을 잡기 위해 곤부지메를 하지만 상황이 여의치 않다면 그냥 사용해도 된다.

5

맛있다, 밥 41

연어 타다키 덮밥

'타다키'는 센 불에 재료의 겉만 살짝 구워 만드는 것을 말한다.
또 재료의 모양이 틀어지는 것을 막아주고 재료의 육즙이 빠지지 않게 해주며,
구울 때 생기는 불냄새를 겉에 입혀 재료를 입에 넣었을 때 풍미를 더 좋게 한다.

지라시즈시

재료

연어 … 160g
크러시드페퍼 … 1큰술
검은깨 … 1큰술
흰깨 … 2큰술
식용유 … 적당량
양파 … 40g
실파 … 2줄기(초록 부분만 사용)
노각장아찌 … 조금
김 … 1/6장
후리가케 … 1작은술
무순 … 조금
와사비 … 1작은술
초밥용 밥(p.16~17 참고) … 1공기

만드는 법

1 연어를 곤부지메한다(p. 65 참고).
2 연어를 타다키한다.
   1) 크러시드페퍼와 검은깨, 흰깨를 섞은 뒤 곤부지메한 연어 160g을 그 위에 올리고, 살살 눌러서 표면에 페퍼와 깨를 묻힌다.
   2) 팬에 기름을 넉넉하게 두르고 뜨겁게 예열한 뒤 연어를 올려 굽는다. 연어는 두께 3mm 정도만 익힌다.
3 그릇에 따뜻한 초밥용 밥을 담는다.
4 양파는 채칼로 얇게 썰어 찬물에 헹궈 매운맛을 빼고, 실파는 송송 썬다. 노각장아찌는 잘게 다지고, 김은 가늘게 채썬다.
5 초밥용 밥 위에 채썬 김과 노각장아찌, 후리가케를 뿌리고 **2**의 타다키한 연어를 5mm 두께로 썰어 얹는다. 얇게 저민 양파와 무순, 와사비를 곁들인다.

연어곤부지메
연어 특유의 비린 맛을 잡기 위해 곤부지메를 하지만 상황이 여의치 않다면 그냥 사용해도 된다.

2-1)

2-2)

맛있다, 밥 4 2

폰즈소스에 절인
눈볼대 덮밥

지라시즈시

눈볼대는 워낙 지방이 많은 생선이라 살짝 구웠을 때 풍미가 뛰어나다.
센 불에 겉만 구워 상큼한 폰즈소스에 살짝 절인 눈볼대는 과하지 않고 절제된 지방의 맛이 일품이다.

재료

눈볼대 … 1마리
식용유 … 조금
폰즈소스(p.12 참고) … 100mL
무 … 50g
고운 고춧가루 … 2작은술
실파 … 3줄기(초록 부분만 사용)
생강 … 1개
초밥용 밥(p.16~17 참고) … 1공기

만드는 법

1 눈볼대는 비늘과 내장을 제거하고 머리를 떼어낸다. 석장뜨기*로 가운데 굵은 뼈를 제거하고, 족집게를 이용해 남은 뼈를 뽑아낸다(눈볼대의 살에 뼈가 하나도 없게 한다.).
2 팬에 기름을 두르고 뜨겁게 달군 뒤 눈볼대의 껍질 쪽을 올려 절반만 굽는다. 먹기 좋은 크기로 자른 뒤 폰즈소스에 30분간 재운다.
3 무는 강판에 갈아 찬물로 헹구고 체에 걸러 물기를 뺀 뒤 고춧가루를 섞어 뭉친다. 실파는 잘게 송송 썰고, 생강은 가늘게 채썬다.
4 그릇에 초밥용 밥을 담고 **2**의 눈볼대를 얹는다. 그 옆에 실파와 고춧가루에 버무린 무를 곁들이고 채썬 생강을 올린다.

1

2

석장뜨기
윗부분의 생선살, 중간 뼈, 밑부분의 생선살 세 장으로 분리하는 것

맛있다, 밥 43

낫토 야마가케 덮밥

다랑어를 주사위 모양으로 썰어 와사비간장으로 무치고, 마를 갈아서 간을 한 뒤 뿌린 것을 '야마가케(山掛)'라고 한다.
마치 눈 덮인 후지산처럼 생겼다고 말하는데 필자는 다랑어무침 대신 낫토를 사용해 그 느낌을 살렸다.

지라시즈시

재료

- 산마 … 70g
- 낫토 … 1팩
- 쯔유 … 2큰술
- 겨자 … 1작은술
- 김 … 1/6장
- 노각장아찌 … 조금
- 실파 … 5줄기(초록 부분만 사용)
- 후리가케 … 조금
- 초밥용 밥(p.16~17 참고) … 1공기

만드는 법

1. 초밥용 밥을 준비한다.
2. 산마는 껍질을 벗기고 채칼을 최대한 촘촘하게 해 가는 국수가닥처럼 길게 밀어 대접에 담는다. 그리고 젓가락으로 빠르게 휘저어 끈적거리는 거품을 만든다.
3. 믹싱볼에 낫토와 쯔유, 겨자를 넣은 뒤 젓가락으로 빠르게 저어 끈적거리는 거품이 나도록 한다.
4. 김은 가늘게 채썰고, 노각장아찌는 잘게 다진다. 실파는 송송 썰어 준비한다.
5. 대접에 초밥용 밥을 담고 채썬 김, 다진 노각장아찌, 후리가케를 고르게 뿌린다. 그 위에 실파를 뿌리고, 낫토를 중앙에 올린 뒤 **2**의 산마를 낫토 위에 올린다.

2

3

맛있다, 밥 44

낫토 김치 덮밥

낫토는 다이어트, 심근경색, 뇌경색, 항균, 숙취 등 몸에 좋다고 알려졌지만
끈적거리는 식감과 냄새 때문에 호불호가 분명히 갈리는 재료 중 하나이다.
여러 가지 양념에 버무리거나 튀기는 등 낫토를 보다 쉽게 먹을 수 있는 방법은 여러 가지가 있지만
특히 김치를 곁들이면 고소하고 깔끔한 맛의 낫토를 즐길 수 있다.

지라시즈시

재료

덴가스
계란노른자 … 1/2개
레몬 … 1/4개
물 … 1컵
박력밀가루 … 1컵

낫토 … 1팩
쯔유 … 1큰술
겨자 … 1작은술
김치 … 100g
초밥용 밥(p.16~17 참고) … 1공기

만드는 법

1 초밥용 밥을 준비한다.
2 **덴가스**를 만든다.
   1) 믹싱볼에 계란노른자를 넣고, 레몬은 꼭 짜서 즙을 넣고, 물을 넣어 섞은 뒤 체에 거른다.
   2) 박력밀가루 1컵을 체에 걸러 내리고, 위의 계란물과 섞어 반죽한다.
   3) 170℃의 기름에 반죽을 조금씩 부어가며 튀긴다.
3 대접에 낫토를 담고 쯔유와 겨자를 넣은 뒤 젓가락으로 빠르게 저어 끈적거리는 거품이 나오도록 한다.
4 김치는 국물을 꼭 짜서 잘게 다진다. 너무 신 김치라면 설탕과 참기름을 조금 첨가한다.
5 그릇에 따뜻한 초밥용 밥을 담고 덴가스로 덮는다. 그 위에 **4**의 다진 김치와 **3**의 낫토를 올린다.

맛있다, 밥 45
한치 낫토 덮밥

오징어와 비슷한 종인 한치는 날것은 물회 등 횟감으로 사용된다.
이 요리는 오징어보다 부드럽고 단맛과 고소한 맛이 월등한 한치를 비슷한 느낌의 낫토와 곁들여 만든 덮밥이다.
한치는 한겨울 추운 바다에서 잘 잡혀 찰 '한(寒)'에 물고기를 뜻하는 '치'가 붙은 이름이라 전해진다.

재료

- 낫토 … 1팩
- 겨자 … 1/2작은술
- 쯔유 … 1½큰술
- 한치 … 1마리
- 와사비 … 1작은술
- 참기름 … 2작은술
- 실파 … 3줄기(초록 부분만 사용)
- 김 … 1/4장
- 노각장아찌 … 조금
- 후리가케 … 1작은술
- 해파리무침 … 40g
- 무순 … 조금
- 초밥용 밥(p.16~17 참고) … 1공기

만드는 법

1. 초밥용 밥을 준비한다.
2. 믹싱볼에 낫토와 겨자, 쯔유 2작은술을 넣은 뒤 젓가락으로 빠르게 저어 끈적거리는 거품이 나오도록 한다.
3. 한치는 신선한 것으로 구입하고 몸통에 칼집을 넣어서 내장과 뼈, 다리를 제거한다. 그 다음 마른 행주로 문질러 껍질을 벗기고 5mm 두께로 자른다.
4. 그릇에 와사비, 참기름, 쯔유 1큰술을 넣어 섞고, 한치를 담아 골고루 비빈다.
5. 실파는 잘게 다지고, 김은 가늘게 채썬다. 노각장아찌도 잘게 다진다.
6. 그릇에 따끈한 초밥용 밥을 담고 김, 노각장아찌, 후리가케를 뿌린다.
7. 그 위에 **4**의 한치와 **2**의 낫토, 해파리무침을 올린다. 실파를 뿌리고 무순을 곁들인다.

맛있다, 밥 46
성게알 덮밥

지라시즈시

나무판에 담긴 성게알(우니)은 백반(약품 처리)을 섞은 물에 담갔다가 꺼내어
단단하게 하고 보존기간을 길게 만든다.
이런 방식을 거친 뒤 유통되는 성게알은 쌉쌀하고 텁텁한 맛이 난다.
그래서 필자는 초밥을 만들 때 소금에 절인 성게알을 사용한다.
나무판에 담긴 것보다 보존기간은 짧지만 성게알 고유의 단맛과 고소한 맛이 살아있기 때문이다.

재료

양파 … 30g
실파 … 4~5줄기(초록 부분만 사용)
무순 … 조금
참기름 … 2작은술
성게알 … 60g
와사비 … 1작은술
초밥용 밥(p.16~17 참고) … 1공기

만드는 법

1. 초밥용 밥을 준비한다.
2. 양파는 채칼로 얇게 저미고 찬물에 두세 번 헹궈 매운맛을 뺀다. 실파는 잘게 다진다.
3. 그릇에 초밥용 밥을 담고, 실파를 고르게 뿌린다.
4. 실파 위에 양파와 무순을 올리고 참기름을 뿌린다.
5. 마지막으로 성게알을 올리고, 와사비를 곁들여 낸다.

맛있다, 밥 47

민물장어 덮밥

우리나라 사람들은 크기가 큰 장어를 선호하지만 일본은 1kg에 4마리 정도 되는 작은 장어를 좋아한다.
작은 장어는 담백하고 부드러운 맛이 특징이며, 기름진 큰 장어일수록 가격이 저렴하다.
일본에서 제대로 만든 장어구이를 맛보려면 가격이 만만치 않은데 이는 기름을 제거하고 담백한 맛을 내기 위한 작업이
상당히 까다롭기 때문이다. 필자는 초벌과 재벌로 나누어 구워 장어의 느끼한 맛을 없앴다.

지라시즈시

재료

- 민물장어 … 1마리(250~300g)
- 식용유 … 조금
- 맛술 … 3큰술
- 청주 … 1/2컵
- 데리야키 소스(p.11 참고) … 1/2컵
- 무순 … 조금
- 실파 … 2~3줄기(초록 부분만 사용)
- 산초가루 … 조금
- 생강 … 1개
- 초밥용 밥(p.16~17 참고) … 1공기

만드는 법

1. 살아있는 민물장어를 구입할 때는 뼈와 내장을 분리한다.
2. 장어의 겉을 칼로 긁어내 이물질을 제거하고, 찬물에 담가 핏물을 뺀다(살에 핏물이 남아있으면 퍽퍽한 맛이 난다.).
3. 팬에 기름을 두른 뒤 장어를 올리고 앞뒤로 갈색이 될 때까지 굽는다. 갈색이 되면 재빨리 얼음물에 담가 겉에 있는 기름을 뺀다.
4. 팬에 맛술과 청주를 붓고 장어를 올린 뒤 소스가 다 줄여지면 데리야키 소스를 발라 앞뒤로 굽는다.
5. 대접에 온기가 있는 초밥용 밥을 담고, 무순과 송송 썬 실파를 뿌린다.
6. 밥 위에 4의 장어를 올리고 산초가루를 뿌린다. 생강은 얇게 채썰어 곁들인다.

2

3

4

요즘 우리는 과학과 기술의 발달로 제철이 아니어도
대형마트나 슈퍼마켓에서 모든 음식 재료를 구할 수 있는 편리한 생활을 누리고 있다.
그렇지만 제철음식은 그 계절에만 느낄 수 있는 고유의 맛과 감동이 있다.
봄이 되면 신선한 나물과 꽃게, 주꾸미가 생각나고 여름이면 시원한 콩국수와 장어가,
가을이면 고소한 전어구이와 새우요리가,
겨울이면 바다 내음 가득한 굴요리가 먹고 싶어진다.
이러한 제철음식은 무심코 지나칠 수도 있는 계절의 변화를
요리사만은 민감하게 느낄 수 있도록 긴장감을 준다.

RECIPE 4

특별한 소스가 필요 없는

영양솥밥

※ 레시피는 2~3인분 기준입니다

맛있다, 밥 48

영양솥밥 〈고모쿠 고항〉

다키코미 고항, 고모쿠 고항은 여러 식재료를 함께 섞어서 지은 밥으로
쌀에 식재료의 맛이 배어나도록 하는 요리 중 하나이다.
당근, 표고버섯, 우엉, 연근, 유부 등 언제 어디서나 쉽게 구할 수 있는 재료로 만들 수 있고,
다른 영양밥보다 간을 진하게 하므로 반찬이 필요 없다.
김치와 깔끔한 국물 정도만 있으면 만족감 높은 식사를 할 수 있다.

재료

불린 쌀 … 2컵
죽순 … 80g
표고버섯 … 2개
당근 … 30g
곤약 … 50g
우엉 … 10cm
우메보시 … 1개

맛국물

물 … 1L
다시마 … 1장(15×15cm)
하나가쓰오부시 … 1컵
국간장 … 1큰술
진간장 … 1큰술
맛술 … 2큰술
청주 … 2큰술
소금 … 2작은술

만드는 법

1 솥밥용 불린 쌀을 준비한다.
2 죽순과 표고버섯은 얇게 채썰고, 당근과 곤약은 거칠게 다진다. 우엉은 연필 깎듯이 깎아서 물에 헹군다.
3 **맛국물**을 만든다.
  1) 냄비에 물과 다시마를 넣고 중간 불로 끓인다.
  2) 다시마를 건져낸 뒤 하나가쓰오부시를 넣고 식으면 체로 거른다.
  3) 국간장, 진간장, 맛술, 청주, 소금을 넣고 끓인다.
4 불린 쌀과 **2**의 재료를 골고루 섞어 2컵을 솥에 담고, **3**의 맛국물 1.8컵을 부은 뒤 중간 불로 끓인다. 끓으면 나무주걱으로 뒤집어준 뒤 뚜껑을 덮고 천천히 불을 줄여가서 15분간 뜸을 들인다
5 뜨거운 솥밥을 밥그릇에 옮겨 담고, 우메보시를 곁들여 비벼 먹는다.

영양솥밥

맛있다, 밥 49

밤밥

밤뿐만 아니라 고구마, 산마, 단호박 등 다른 재료로도 응용이 가능하다.
주재료인 밤과 밥 모두 탄수화물 성분이 강하기 때문에 전혀 어색하지 않으며,
오히려 탄수화물 특유의 은은한 단맛을 느낄 수 있다.

재료

밤 … 400g
불린 쌀 … 2컵
물 … 1.7컵
청주 … 2작은술
소금 … 2작은술

만드는 법

1 밤을 물에 담가 5시간 이상 불린 뒤 껍질을 벗겨둔다.
2 솥밥용 불린 쌀을 준비한다.
3 뚝배기에 불린 쌀과 물 1.7컵, 청주, 소금, 밤을 넣고 밥을 한다. 중간 불로 가열해 끓기 시작하면 주걱으로 살짝 뒤섞고, 뚜껑을 덮은 뒤 약 2분이 지나면 약한 불로 줄여 15분간 뜸을 들인다.

맛있다, 밥 50
우메보시밥

재료 준비가 간단하고 누구나 쉽게 만들 수 있는 영양밥이다.
새콤한 맛과 시소의 향이 입맛을 돋궈 식욕이 없는 날이나 코스의 마지막 식사로도 손색이 없다.

재료

불린 쌀 … 2컵
키슈우메보시 … 5개
청주 … 2작은술
소금 … 2작은술
들기름 … 1큰술
시소잎 … 3장

맛국물

물 … 1L
다시마 … 1장(15×15cm)
하나가쓰오부시 … 1컵
국간장 … 1큰술
진간장 … 1큰술
맛술 … 2큰술
청주 … 2큰술
소금 … 2작은술

만드는 법

1. 솥밥용 불린 쌀을 준비한다.
2. 맛국물을 만든다.
   1) 냄비에 물과 다시마를 넣고 중간 불로 끓인다.
   2) 다시마를 건져낸 뒤 하나가쓰오부시를 넣고 식으면 체로 거른다.
   3) 국간장, 진간장, 맛술, 청주, 소금을 넣고 끓인다.
3. 뚝배기에 불린 쌀과 맛국물 2컵을 부어 밥을 짓는다. 중간 불로 가열해 끓기 시작하면 주걱으로 살짝 뒤섞고 키슈우메보시를 넣는다. 뚜껑을 덮고 약 2분이 지나면 약한 불로 줄여 15분간 뜸을 들인다.
4. 영양밥이 완성되면 키슈우메보시를 꺼내 씨를 제거하고, 밥과 우메보시 과육을 잘 비벼 섞는다.
5. 그릇에 밥을 옮겨 담고, 들기름을 뿌린 뒤 시소잎을 채썰어 올린다.

맛있다, 밥 51

굴밥

굴은 그리스 신화에서부터 등장한 것으로 최고의 정력제로 여겨져 왔으며,
이탈리아의 카사노바는 매일 아침 50개의 굴을 먹었다고 전해진다.
실제 굴은 영양학적으로도 균형을 이룬 식품으로 단백질뿐만 아니라
비타민이 풍부하고 철분, 마그네슘, 칼슘 등도 들어 있다.
학자들은 하루에 생굴을 5개씩 먹으면 비타민과 무기질 하루 권장량을 모두 섭취할 수 있다고 이야기한다.

영양솥밥

재료

- 죽순 … 60g
- 표고버섯 … 2개
- 당근 … 40g
- 우엉 … 5cm
- 석화 … 5개
- 불린 쌀 … 2컵

맛국물

- 물 … 1L
- 다시마 … 1장(15×15cm)
- 하나가쓰오부시 … 1컵
- 국간장 … 1큰술
- 진간장 … 1큰술
- 맛술 … 2큰술
- 청주 … 2큰술
- 소금 … 2작은술

만드는 법

1. 죽순은 부드러운 순 부분을 얇게 채썬다. 표고버섯과 당근은 녹두알 크기로 거칠게 다진다. 우엉은 연필 깎듯이 깎아 찬물에 담가둔다.
2. **맛국물**을 만든다.
   1) 냄비에 물과 다시마를 넣고 중간 불로 끓인다.
   2) 다시마를 건져낸 뒤 하나가쓰오부시를 넣고 식으면 체로 거른다.
   3) 국간장, 진간장, 맛술, 청주, 소금을 넣고 끓인다.
3. 석화는 껍질을 떼어내고 소금물에 담가둔다.
4. 솥밥용 불린 쌀을 준비한다.
5. 솥에 불린 쌀을 담고 **1**의 채소와 **2**의 맛국물 1.7컵을 부어서 끓인다.
6. 쌀이 끓으면 3분간 더 끓이고 나무주걱으로 내용물을 섞은 뒤 **3**의 석화를 올리고 뚜껑을 덮는다. 20분간 뜸을 들인다.

맛있다, 밥 52
전복밥

전복은 연체 동물 복족류에 속하는 조개로 크고 넓적한 발을 움직이며 기어 다닌다.
전복이 유명한 이유는 맛과 영양이 으뜸이기도 하지만 역사에 자주 등장하기 때문이기도 하다.
중국의 진시황제가 불로장생을 위해 먹었다고 전해지며, 고서에는 나태하고 사치스러운 생활을 설명하기 위해
'편안한 자리에 앉아 전복만 먹었다.'라고 적혀 있다.
전복은 타우린과 아미노산이 풍부해 병을 앓은 뒤 원기회복과 피로회복에 특히 좋다.

영양솥밥

재료

- 전복 … 2마리(약 250g)
- 물 … 1L
- 국간장 … 1큰술
- 진간장 … 2작은술
- 맛술 … 1큰술
- 청주 … 1큰술
- 소금 … 1작은술
- 가쓰오다시팩 … 1개(약 45g)
- 불린 쌀 … 2컵
- 절인 명이나물 … 5~7장
- 버터 … 10g

만드는 법

1. 전복은 깨끗하게 씻어서 냄비에 넣고 물 1L에 국간장, 진간장, 맛술, 청주, 소금과 가쓰오다시팩 1개를 넣은 뒤 약한 불로 2시간 동안 삶는다.
2. 솥밥용 불린 쌀을 준비한다.
3. 솥에 불린 쌀을 넣고 **1**의 전복 국물 1.7컵을 붓는다. 그리고 **1**의 전복 2마리를 쌀 위에 올리고 중간 불로 끓인다.
4. 밥이 끓으면 뚜껑을 덮고 3분 뒤에 약한 불로 줄여 20분간 뜸을 들인다.
5. 밥이 완성되면 전복을 꺼내 잘게 잘라 밥에 섞는다.
6. **5**의 전복밥을 그릇에 담고, 굵게 채썬 명이나물, 버터와 함께 밥 위에 올린다.

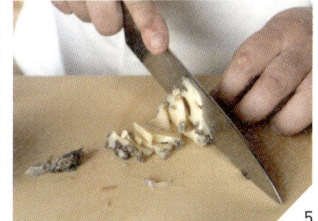

맛있다, 밥 53

백합 미역밥

바지락과 재첩은 개운한 맛이, 모시조개는 단맛이, 홍합은 감칠맛이 일품이다.
하지만 중합(하마구리)은 개운한 맛과 단맛, 감칠맛을 모두 가지고 있는 조개가 아닐까 싶다.
백합과 자연산 미역으로 만든 영양밥은 은은하게 깔린 바다 내음이 매력적이며,
가쓰오부시를 넣어 만든 국물을 곁들이면 전체적인 맛의 조화가 이루어진다.

영양솥밥

재료

물 … 2L
굵은 소금 … 20g
소금 … 1작은술
중합 … 10개
염장미역 … 1/2컵
청주 … 2큰술
불린 쌀 … 2컵
버터 … 10g

만드는 법

1 물 1L에 굵은 소금 20g을 녹인 뒤 중합을 넣고 해감한다. 한나절 이상 해감하고 깨끗한 물로 씻는다. 염장미역은 찬물에 담가 소금기를 빼고 손으로 조물조물 문질러 씻는다.

2 냄비에 물 1L를 붓고 **1**의 중합을 넣어 끓인다. 중합이 완전히 벌어지면 소금으로 간을 맞추고, 청주를 뿌려 마무리한다.

3 솥밥용 불린 쌀을 준비한다.

4 솥에 불린 쌀을 넣고 **2**의 조개육수 1.8컵을 부어 중간 불로 끓인다.

5 쌀이 끓고 3분이 지나면 나무주걱으로 쌀을 휘저어 잘 섞은 뒤 **2**의 중합을 넣고, **1**의 미역을 잘게 썰어 넣는다. 그리고 약한 불로 줄여 20분 가량 뜸을 들인다.

6 중앙에 버터를 올려 마무리한다.

맛있다, 밥 54

도미밥 〈타이메시밥〉

영양솥밥

도미는 우리나라, 일본, 중국 등 동아시아권에서 최고의 생선으로 여긴다.
특히 균형 잡힌 몸매와 담홍색의 고운 빛깔을 띠고 있는 참돔은 '바다의 여왕'이라는 별칭이 붙었다.
회나 찜 등 입맛을 돋우는 요리부터 구이, 조림, 탕까지 다양한 방법으로 조리된다.

재료

도미 … 1마리
불린 쌀 … 2컵
당근 … 50g
표고버섯 … 3개
우엉 … 15cm

맛국물

물 … 1L
다시마 … 1장(15×15cm)
하나가쓰오부시 … 1컵
국간장 … 1큰술
진간장 … 1큰술
맛술 … 2큰술
청주 … 2큰술
소금 … 2작은술

만드는 법

1. 싱싱한 도미를 구입해 비늘을 깨끗하게 제거한다. 도미의 배를 갈라 내장과 아가미를 꺼내고, 배 안쪽에 응고된 피를 깨끗하게 씻는다.
2. 맛국물을 만든다.
   1) 냄비에 물과 다시마를 넣고 중간 불로 끓인다.
   2) 다시마를 건져낸 뒤 하나가쓰오부시를 넣고 식으면 체로 거른다.
   3) 국간장, 진간장, 맛술, 청주, 소금을 넣고 끓인다.
3. 솥밥용 불린 쌀을 준비한다.
4. 당근과 표고버섯은 거칠게 다지고, 우엉은 연필 깎듯이 깎는다.
5. 솥에 불린 쌀을 담고 중앙에 도미를 올린다. 도미 양 옆으로 다진 당근과 표고버섯, 우엉을 놓는다.
6. 2의 맛국물 1.8컵을 붓고 중간 불로 밥을 한다. 밥이 끓으면 3분 뒤에 약한 불로 줄이고, 뚜껑을 덮어 20분간 뜸을 들인다.
7. 솥밥이 완성되면 도미를 빼내 머리와 뼈를 발라내고 살은 다시 냄비에 넣어 밥과 섞이 먹는다.

1

5

6

맛있다, 밥 55

대구 명란밥

대구는 겨울이 제철이지만 대체적으로 계절에 구애받지 않고 쉽게 구입할 수 있는 생선이다.
기름기가 적고 담백해 명란의 맛과 잘 어울리며, 명란을 빼고 미소와 맛술에 절인 대구만 넣은 영양밥도 좋다.

영양솥밥

재료

대구 … 260g
소금 … 2작은술
명란젓 … 1개
청주 … 1큰술
불린 쌀 … 2컵
시소잎 … 3장
볶은 검은깨 … 조금

맛국물

물 … 1L
다시마 … 1장(15×15cm)
하나가쓰오부시 … 1컵
국간장 … 1큰술
진간장 … 1큰술
맛술 … 2큰술
청주 … 2큰술
소금 … 2작은술

만드는 법

1 대구는 납작하게 3등분하고 소금을 뿌려 상온에서 2시간 동안 절인다.
2 명란젓은 2cm 길이로 3등분해서 청주에 담가둔다.
3 **맛국물**을 만든다.
   1) 냄비에 물과 다시마를 넣고 중간 불로 끓인다.
   2) 다시마를 건져낸 뒤 하나가쓰오부시를 넣고 식으면 체로 거른다.
   3) 국간장, 진간장, 맛술, 청주, 소금을 넣고 끓인다.
4 솥밥용 불린 쌀을 준비한다.
5 솥에 불린 쌀과, 대구, 명란젓, 맛국물 1.7컵을 붓고 중간 불로 가열한다.
6 밥이 끓으면 3분 뒤에 약한 불로 줄이고 15분간 뜸을 들인다.
7 밥이 완성되면 대구를 꺼내 껍질과 뼈를 제거한 뒤 잘게 부숴 솥의 밥과 섞는다.
8 대접에 밥을 옮겨 담고 시소잎은 0.5cm 폭으로 채썰어 올린 뒤 볶은 검은깨를 뿌린다.

1

5

6

맛있다, 밥 56

연어밥

연어는 비린내가 거의 없고 담백한 맛이 좋아 일본 가정에서 아침식사 반찬으로 준비해 두는 경우가 많다.
소금에 살짝 절여 만드는 연어 영양밥에 교나를 곁들이면 부담스럽지 않은 아침식사를 할 수 있다.

영양솥밥

재료

연어 … 240g
불린 쌀 … 1컵
교나 … 30g
버터 … 10g

맛국물
물 … 1L
다시마 … 1장(15×15cm)
하나가쓰오부시 … 1컵
국간장 … 1큰술
진간장 … 1큰술
맛술 … 2큰술
청주 … 2큰술
소금 … 2작은술

만드는 법

1. 연어는 비늘과 뼈를 제거한 뒤 1.5cm 두께로 납작하게 잘라서 접시에 담고, 소금을 뿌려 절인다.
2. 솥밥용 불린 쌀을 준비한다.
3. **맛국물**을 만든다.
   1) 냄비에 물과 다시마를 넣고 중간 불로 끓인다.
   2) 다시마를 건져낸 뒤 하나가쓰오부시를 넣고 식으면 체로 거른다.
   3) 국간장, 진간장, 맛술, 청주, 소금을 넣고 끓인다.
4. 솥에 불린 쌀을 넣고 **1**의 연어를 올린다. 그리고 맛국물 1.7컵을 부어 뚜껑을 덮고 끓인다. 5분간 끓이고 약한 불로 줄여 10분간 뜸을 들인다.
5. 뚜껑을 열고 교나와 버터를 넣은 뒤 5분간 더 뜸을 들인다.
6. 밥이 완성되면 연어를 부숴서 밥과 비벼 먹는다.

맛있다, 밥 57

알밥

영양솥밥

참기름을 바른 뚝배기에 밥과 재료를 넣고 비벼먹는 요리로 한때 전문점까지 생겼었다.
알을 제대로 준비하기 어렵다면 집에 있는 여러 가지 재료를 넣고 응용할 수도 있는 메뉴이다.

재료

오이 … 80g
마요네즈 … 3작은술
단무지 … 50g
명이잎 … 2장
실파 … 2줄기(초록 부분만 사용)
김 … 1/4장
참기름 … 2큰술
후리가케 … 2작은술
성게알 … 2큰술
연어알 … 2큰술
날치알 … 1큰술
명란 … 2cm
계란노른자 … 1개
밥 … 1공기

만드는 법

1 잘게 다진 오이 3큰술에 마요네즈 3작은술을 섞는다. 단무지와 명이잎도 잘게 다진다. 실파는 송송 썰고, 김은 가늘게 채썬다.
2 뚝배기에 참기름을 바르고 밥을 담는다.
3 중앙에 버무린 오이를 놓고, 단무지, 명이잎, 후리가케를 뿌린다.
4 성게알, 연어알, 날치알, 명란을 올리고, 중앙에 계란노른자를 올린 뒤 센 불로 가열한다. '타닥타닥' 밥이 튀는 소리가 나면 불을 끄고 먹기 전에 채썬 김을 올려 비벼 먹는다.

1

2

3

4

맛있다, 밥 58

소고기 소보로 비빔밥

아이부터 어른까지 모두가 좋아하는 소고기 소보로 덮밥은
소고기를 끓는 물에 데쳐 야키니쿠 소스를 넣고 약한 불에서 서서히 볶아 완성한다.
솥밥의 형태가 아니더라도 도시락 반찬이나 주먹밥으로 만들어 야외에서 먹을 수도 있다.

영양솥밥

재료

표고버섯 … 2개
양파 … 60g
당근 … 40g
생강 … 1/2개
교나 … 30g
실파 … 2줄기(초록 부분만 사용)
소고기 다짐육 … 150g
야키니쿠 소스 … 60mL
식용유 … 조금
청주 … 1큰술
참기름 … 1큰술
아마스(p.11 참고) … 1큰술
밥 … 1공기

만드는 법

1. 표고버섯은 얇게 채썬다. 양파와 당근은 3mm 길이로 거칠게 다진다.
2. 생강은 가늘게 채썬다. 교나는 3cm 길이로 자르고, 실파는 잘게 송송 썬다.
3. 소고기 다짐육은 끓는 물에 살짝 데쳐 핏물을 뺀 뒤 야키니쿠 소스를 붓고 버무려 10분 정도 재운다.
4. 팬에 기름을 두르고 표고버섯과 당근, 양파를 넣고 볶는다. 청주를 뿌리고 알코올을 날린 뒤 소고기를 넣고 중간 불에서 볶는다. 수분이 증발해 보슬보슬해질 때까지 볶는다.
5. 뚝배기에 참기름을 바르고 밥을 담는다. 그 위에 아마스와 참기름으로 버무린 교나를 올리고 볶은 소고기를 올린다. 채썬 생강과 실파를 자연스럽게 뿌리고 뚝배기를 센 불에 올린다. 뚝배기에서 밥이 튀는 소리가 나면 불에서 내린다.

필자가 요리 초년생 시절 근무했던 호텔에서 주 2~3회 조식 준비를 담당했던 적이 있다. 아침 8시에 맞춰 우메보시를 올린 밥 반공기와 녹차 한주전자를 식판에 올려두면 8시 정각에 부장님이 출근해 식사를 하셨다. 필자는 당시 '도대체, 무슨 맛으로 녹차에 밥을 말아 드시나? 참 식성도 별나다'라고 생각했었다. 하지만 그 궁금증은 그리 오래 가지 않았다. 필자가 1년 정도 근무했을 무렵 러시아 VIP의 조찬 오더가 있던 날이었다. 평소보다 일찍 출근해서 주방에 들어서던 순간 주방에서 뭔가를 준비하고 계신 부장님을 보고 깜짝 놀랐다. 가까이서 보니 오차스케를 만들고 계셨는데 이른 새벽 필자는 부장님께서 만들어 주신 오차스케로 새벽 요기를 할 수 있었다. 비록 적은 양이었지만 오차스케의 맛은 놀라웠다. 녹차의 절제된 드라이함과 부드럽고 포만감 있는 밥의 조화는 '나른한 봄날 싹을 틔우는 맛'이라고 표현하고 싶다. 머리부터 발끝까지 온몸을 감싸는 행복감은 개성 강한 재료나 자극적인 양념의 맛으로는 도저히 표현할 수 없는 새로운 맛이었다.

·RECIPE·
5

밥도 되고 죽도 되는
오차스케 / 조소이 / 오카유

※ 레시피는 1인분 기준입니다

맛있다, 밥 59

현미 차밥

현미를 볶아 끓인 물을 붓고 만든 차스케는 마치 우리나라의 숭늉처럼
가슴속부터 따스해지는 밥의 구수함이 매력이다.
여기에 상큼한 우메보시와 매콤한 와사비를 넣어 질리지 않고 뒷맛도 깔끔하다.

오차스케/조스이/오카유

재료

현미 … 5큰술
물 … 500mL
소금 … 1작은술
말차 … 2큰술
우메보시 … 2개
대파 흰 부분 … 3cm
와사비 … 1작은술
밥 … 2/3공기

만드는 법

1 현미를 약한 불로 볶는다(이때 기름은 두르지 않는다.).
2 끓는 물 500mL에 볶은 현미와 소금 1작은술을 넣고 식힌다.
3 완전히 식은 현미차를 한 번 끓인 뒤 말차를 넣는다.
4 우메보시는 씨를 빼고 과육을 곱게 다진다. 대파는 얇게 송송 썬다.
5 그릇에 따끈한 밥을 담고 3의 뜨거운 현미말차를 붓는다. 그 위에 4의 우메보시 과육과 대파, 와사비를 곁들인다.

1

2

3

4

말차(沫茶)
말차는 차를 분쇄해 가루로 만든 녹차를 말하는데, 찻잎이 재배되는 과정부터 분쇄되는 과정까지 상당히 과학적인 방법으로 제조된다. 말차의 찻잎은 햇빛을 제한해 광합성을 억제하는 차광재배로 생산된다. 햇빛을 차단시키기 때문에 찻잎 내에서 적은 빛에도 광합성을 하기 위해 엽록소가 증가하여 짙은 녹색을 띠며 맛이 부드러워지고 떫은맛은 줄어든다. 그밖에 분쇄 방법에 따라서도 품질이 나뉘는데 기계보다는 맷돌로 분쇄한 것이 더 고급이다.

맛있다, 밥 60

연어 차밥

연어는 차스케의 단골재료 중 하나이다.
연어는 부드럽고 고소해 녹차의 맛과 잘 어울리고,
무엇보다 녹차를 부어 차스케를 만들면 비린 맛이 거의 없다.

재료

연어 … 180g
소금 … 2작은술
식용유 … 적당량
마늘 … 3개
물 … 500mL
말차 … 1큰술
벳타라즈케 … 3쪽
와사비 … 1½작은술
시소잎 … 1장
밥 … 1/2공기

맛국물

물 … 1L
다시마 … 1장(15×15cm)
하나가쓰오부시 … 1컵
국간장 … 1큰술
진간장 … 1큰술
맛술 … 2큰술
청주 … 2큰술
소금 … 2작은술

만드는 법

1. 연어는 납작하게 재단하고, 소금을 뿌려 1시간 동안 재워둔다. 팬에 기름을 넉넉하게 두르고 소금에 절인 연어를 굽는다. 이때 마늘을 납작하게 썰어 함께 굽는다.
2. 완전히 구워진 연어는 키친타월로 기름을 닦아내고 숟가락으로 눌러 으깨면서 뼈와 껍질을 제거한다.
3. **맛국물**을 만든다.
   1) 냄비에 물과 다시마를 넣고 중간 불로 끓인다.
   2) 다시마를 건져낸 뒤 하나가쓰오부시를 넣고 식으면 체로 거른다.
   3) 국간장, 진간장, 맛술, 청주, 소금을 넣고 끓인다.
4. 뜨거운 물 500mL에 말차를 넣고, **3**의 맛국물 250mL와 섞는다(말차:맛국물=2:1).
5. 그릇에 따끈한 밥을 담고 **4**를 붓는다. 벳타라즈케와 와사비, 시소잎을 얹고, **2**의 연어와 구운 마늘을 올린다.

맛있다, 밥 61

우메보시 차밥

우메보시(매실장아찌)를 담글 때에는 제대로 성숙되지 않은 매실을 물에 담가 쓴맛을 없애고,
항아리에 옮겨 담아 소금과 차조기잎(시소)를 뿌려 며칠간 절인다.
매실이 무르면 해가 좋을 때를 골라 펼쳐 말리고, 밤에 다시 항아리에 넣기를 반복해 만든다.
키슈우메보시는 일본 관서지역의 와카야마에서 생산되는 우메보시로,
매실을 절일 때 소금을 줄이고 꿀을 함께 첨가해 짜지 않으며 단맛이 좋다.

오차스케/조스이/오카유

재료

맛국물
물 … 1L
다시마 … 1장(15×15cm)
하나가쓰오부시 … 1컵
국간장 … 1큰술
진간장 … 1큰술
맛술 … 2큰술
청주 … 2큰술
소금 … 2작은술

덴가스
계란노른자 … 1/2개
레몬 … 1/4개
밀가루 … 2컵

물 … 700mL
말차 … 1큰술
키슈우메보시 … 2개
와사비 … 10g
실파 … 1줄기(초록 부분만 사용)
밥 … 2/3공기

만드는 법

1 **맛국물**을 만든다.
  1) 냄비에 물과 다시마를 넣고 중간 불로 끓인다.
  2) 다시마를 건져낸 뒤 하나가쓰오부시를 넣고 식으면 체로 거른다.
  3) 국간장, 진간장, 맛술, 청주, 소금을 넣고 끓인다.

2 뜨거운 물 500mL에 말차를 넣고, **1**의 맛국물 250mL와 섞는다(말차 : 맛국물=2:1).

3 **덴가스**를 만든다.
  1) 찬물 200mL에 계란노른자를 넣고 거품기로 잘 섞어 체에 거른 뒤 레몬즙을 짜 넣어 계란물을 만든다.
  2) 계란물에 밀가루를 넣고 거품기로 섞어 170℃의 기름에 튀긴다.

4 그릇에 따끈한 밥을 담고 키슈우메보시와 와사비를 얹은 뒤 송송 썬 실파와 **3**의 덴가스를 뿌린다. 그리고 뜨거운 **2**의 물을 붓는다.

맛있다, 밥 62

명란 차밥

필자는 명란젓이 차스케 속에 흩어져 텁텁하고 쓴맛이 나는 것을 방지하기 위해서
절반을 구워 차스케의 주재료로 사용했다.
젓갈은 오랜 세월 동안 그리고 현재까지도 진정한 밥도둑 중 하나이다.

재료

명란젓 … 1개
물 … 700mL
말차 … 1큰술
밥 … 1/2공기
벳타라즈케 … 30g
실파 … 1개
와사비 … 10g

맛국물

물 … 1L
다시마 … 1장(15×15cm)
하나가쓰오부시 … 1컵
국간장 … 1큰술
진간장 … 1큰술
맛술 … 2큰술
청주 … 2큰술
소금 … 2작은술

덴가스

계란노른자 … 1/2개
레몬 … 1/4개
밀가루 … 1컵

만드는 법

1. 명란젓은 청주에 씻어 팬에 절반만 굽는다.
2. 맛국물을 만든다.
   1) 냄비에 물과 다시마를 넣고 중간 불로 끓인다.
   2) 다시마를 건져낸 뒤 하나가쓰오부시를 넣고 식으면 체로 거른다.
   3) 국간장, 진간장, 맛술, 청주, 소금을 넣고 끓인다.
3. 뜨거운 물 500mL에 말차를 넣고, 2의 맛국물 250mL와 섞는다(말차 : 맛국물=2:1).
4. 덴가스를 만든다.
   1) 찬물 200mL에 계란노른자를 넣고 거품기로 잘 섞어 체에 거른 뒤 레몬즙을 짜 넣어 계란물을 만든다.
   2) 계란물에 밀가루를 넣고 거품기로 섞어 170℃의 기름에 튀긴다.
5. 그릇에 따뜻한 밥을 담고 3의 물을 붓는다. 명란젓은 1cm 두께로 잘라 올리고, 벳타라즈케는 3mm 두께로 얇게 썰어 곁들인다. 4에서 만든 덴가스 1큰술과 송송 썬 실파를 뿌리고 와사비를 곁들인다.

1

맛있다. 밥 63

어란 차밥

어란(카라스미)은 숭어나 민어 등 생선의 알을 소금에 절이고
기름을 발라 천천히 말린 것으로 짭짤한 맛이 일품이다.
얇게 썰어 술안주로도 사용하는데 뜨거운 차스케에 넣어 조금씩 떼어 먹는
어란의 맛은 특히 매력적이다.

오차스케 / 조스이 / 오카유

재료

어란 … 40g
벳타라즈케 … 50g
물 … 500mL
말차 … 1큰술
와사비 … 10g
실파 … 1줄기(초록 부분만 사용)
밥 … 1/2공기

맛국물

물 … 1L
다시마 … 1장(15×15cm)
하나가쓰오부시 … 1컵
국간장 … 1큰술
진간장 … 1큰술
맛술 … 2큰술
청주 … 2큰술
소금 … 2작은술

만드는 법

1. 어란은 최대한 얇게 썰고, 벳타라즈케는 3mm 두께로 채썰어 준비한다.
2. **맛국물**을 만든다.
   1) 냄비에 물과 다시마를 넣고 중간 불로 끓인다.
   2) 다시마를 건져낸 뒤 하나가쓰오부시를 넣고 식으면 체로 거른다.
   3) 국간장, 진간장, 맛술, 청주, 소금을 넣고 끓인다.
3. 뜨거운 물 500mL에 말차를 넣고, **2**의 맛국물 250mL와 섞는다(말차:맛국물=2:1).
4. 그릇에 따끈한 밥을 담고 위에 벳타라즈케를 올린 뒤 어란을 기대어 올린다. 와사비를 곁들이고 실파를 잘게 썰어 뿌린다. **3**을 뜨겁거나 차갑게 해서 부어 완성한다.

맛있다, 밥 64

절인 채소 냉차밥

차게 만든 녹차와 맛깔스런 절임채소들이 잘 어울린다.
무더운 여름날이나 입맛이 없을 때 딱 좋은 메뉴이다.

오차스케 / 조스이 / 오카유

재료

맛국물

물 … 1L
다시마 … 1장(15×15cm)
하나가쓰오부시 … 1컵
국간장 … 1큰술
진간장 … 1큰술
맛술 … 2큰술
청주 … 2큰술
소금 … 2작은술

물 … 500mL
말차 … 1큰술
오이 … 1개
나라즈케 … 1개
간장에 절인 명이잎 … 3장
벳타라즈케 … 40g
우메보시 … 1개
와사비 … 1작은술
밥 … 1/2공기

만드는 법

1. **맛국물**을 만든다.
   1) 냄비에 물과 다시마를 넣고 중간 불로 끓인다.
   2) 다시마를 건져낸 뒤 하나가쓰오부시를 넣고 식으면 체로 거른다.
   3) 국간장, 진간장, 맛술, 청주, 소금을 넣고 끓인다.
2. 뜨거운 물 500mL에 말차를 넣고, **1**의 맛국물 250mL와 섞는다(말차:맛국물=2:1). 냉장고에 넣어 차게 보관한다.
3. 오이는 소금으로 씻어 물로 헹군 뒤 칼등으로 두들기고, 적당한 크기로 잘라서 소금물에 절인다. 만약 쌀겨가 있다면 쌀겨를 분쇄기로 갈아 소금과 물을 섞어 질퍽하게 만들고 오이를 심어 절여도 좋다.
4. 나라즈케와 절인 오이는 얇게 썬다. 간장에 절인 명이잎은 돌돌 말아 1cm 크기로 자르고, 벳타라즈케는 3mm 굵기로 채썬다.
5. 미지근한 밥 위에 오이절임, 나라즈케, 벳타라즈케, 우메보시, 와사비를 올리고 **2**를 붓는다.

맛있다, 밥 65

소고기 조스이

'조스이'는 미소나 채소를 넣어 만드는 죽의 일종이지만 죽보다는 밥알이 보일 정도로 끓인다.
보통 나베요리에서 건더기를 건져 먹고 국물에 밥을 넣어 끓여 먹는 것을 조스이라고 한다.
이 요리는 끓는 물에 살짝 데친 소고기를 사용했는데 이렇게 하면 소고기의 핏물이 제거돼 텁텁한 맛을 없앨 수 있고,
마늘 덩어리가 씹히지 않도록 하기 위하여 간마늘을 물에 담가 마늘물을 만들어 부었다.
마늘의 향이 육류와 채소의 이질감을 없애주고 깔끔한 맛의 죽을 만들어 준다.

재료

소고기 전각(불고기용) … 80g
콩나물 … 50g
무 … 50g
간 마늘 … 1큰술
미소 … 1큰술
소금 … 조금
참기름 … 1큰술
대파 흰 부분 … 5cm
밥 · 1공기

만드는 법

1. 소고기 전각은 2cm 크기로 썰어 끓는 물에 살짝 데친다. 콩나물은 머리를 떼어내고 2~3cm 길이로 썰어 끓는 물에 살짝 데친다. 무는 연필 깎듯이 깎고, 간 마늘에는 물 3큰술을 부어둔다.
2. 냄비에 물을 붓고 1의 소고기와 콩나물, 무를 넣고 끓인다.
3. 미소와 소금을 넣어 간을 맞춘다.
4. 물을 부어둔 간 마늘물을 체에 걸러 넣는다.
5. 밥을 넣고 약한 불로 끓인다.
6. 밥이 퍼지면 참기름을 첨가하고, 대파는 거칠게 다져 넣는다.

맛있다, 밥 66

대구 조스이

대구는 손질해 뼈와 머리에 소금을 뿌려 2시간 정도 상온에 재웠다가
지리를 끓이면 뼛속 깊숙한 맛까지 우러나와 개운함과 은은한 향이 그만이다.

오차스케 / 조스이 / 오카유

재료

대구 … 360g
소금 … 1큰술
중합 … 3마리
무 … 25g
대파 … 35g
콩나물 … 25g
두부 … 60g
청주 … 조금
쑥갓 … 조금
밥 … 1공기

만드는 법

1. 대구는 비늘을 벗기고 내장을 제거한 뒤 토막을 낸다. 한 토막에 120g 정도의 크기로 납작하게 자르고, 소금을 뿌려 상온에서 2시간 동안 절인다.
2. 중합은 소금물에 잘 해감하고, 무는 3mm 두께로 썰고, 대파는 어슷 썬다. 콩나물은 머리를 떼어 내고, 두부는 먹기 좋은 크기로 자른다.
3. 냄비에 물을 붓고 준비한 대구와 중합, 콩나물, 무, 대파를 넣고 끓인다. 대구가 익어갈 즈음 두부를 넣고 소금과 청주를 넣는다.
4. 대구를 건져내 뼈를 제거한다.
5. 대구를 밥과 함께 냄비에 넣고 약한 불에서 5분 정도 끓인다. 마지막으로 쑥갓을 올린다.

맛있다, 밥 67
모즈쿠죽

모즈쿠(큰실말)는 갈조류로 2~3월경이 수확 적기이다.
대부분 냉동이나 염장 상태로 유통되는데 미지근한 물에 소금을 조금 넣고 그 속에 담가 두었다가
소금기를 빼고 나서 사용한다. 일반적으로 국의 건더기나 초회에 사용된다.

오차스케 / 조스이 / 오카유

재료

모즈쿠 … 100g
폰즈(p.12 참고) … 3큰술
소금 … 조금
물 … 1컵
들기름 … 1큰술
밥 … 2/3공기

만드는 법

1. 모즈쿠는 끓는 물에 살짝 데친 뒤 폰즈에 담가둔다.
2. 밥에 물 1컵을 붓고 끓이다가 농도가 걸쭉해지면 소금으로 간을 맞춘다.
3. 대접에 끓인 밥을 담고 모즈쿠를 올린 뒤 들기름을 뿌린다.

맛있다, 밥 68

나메버섯죽

나메코는 특유의 향과 점액이 있는 버섯으로 무침, 볶음요리에 사용되고
미소시루를 비롯한 나베요리에 단골 재료로도 활용된다.

오차스케 / 조스이 / 오카유

재료

나메코버섯 … 1/2캔
폰즈(p.12 참고) … 3큰술
물 … 1컵
소금 … 조금
들기름 … 1큰술
대파 흰 부분 … 3cm
밥 … 2/3공기

만드는 법

1. 나메코는 끓는 물에 살짝 데쳐 폰즈에 담가둔다.
2. 밥에 물 1컵을 붓고 끓이다가 농도가 걸쭉해지면 소금으로 간을 맞춘다.
3. 대접에 끓인 밥을 담고 나메코를 올린 뒤 들기름을 뿌린다. 그 위에 대파를 얇게 썰어 곁들인다.

맛있다, 밥 69

산마죽

마는 우리 몸에 매우 좋다고 알려져 있다.
인체에 양질의 단백질을 공급해주고 위벽을 보호하며 소화성 궤양 등을 예방할 수 있게 해준다.
또한 식이섬유가 풍부해 변비개선에 효과가 있고, 신장을 튼튼하게 하며 당뇨환자에게도 좋다고 한다.
일반적으로 마를 구입하면 여러 번에 나눠 먹게 되는데 사용하고 남은 마는 바람에 건조시켜 신문지로 말아
겨울철에는 얼지 않는 상온에 두고, 여름철에는 냉장고에 보관한다.

재료

불린 쌀 … 1/2컵
물 … 300mL
간 마늘 … 1큰술
계란 … 1개
소금 … 조금
산마 … 200g
들기름 … 1큰술

만드는 법

1. 불린 쌀과 물 300mL를 함께 믹서에 넣고 거칠게 간 뒤 냄비에 옮겨 끓인다.
2. 간 마늘에 물을 2큰술 섞어 마늘물을 만든 뒤 체에 걸러 마늘이 우려진 물을 냄비에 넣는다.
3. 계란노른자에 물을 조금 섞어 죽에 붓고, 소금으로 간을 맞춘다.
4. 산마는 강판에 갈거나 채칼로 밀어 계란흰자와 섞은 뒤 젓가락으로 빠르게 휘저어 거품을 낸다.
5. 대접에 죽을 담고 들기름을 뿌린 뒤 4의 산마를 올린다.

2

3

4

맛있다, 밥 70

고구마죽 〈이모가유〉

고구마죽은 오래전부터 일본 서민들 사이에 전해 내려오는 음식이다.
예전에는 이모가유라고 하면 고구마 보다는 산마를 많이 사용했지만
요즘에는 고구마를 푹 끓여 부서지면 밥을 넣고 약한 불에 장시간 끓여 만든다.

오차스케／조스이／오카유

재료

고구마 … 300g
물 … 2컵
불린 쌀 … 1/2컵
설탕 … 1큰술
소금 … 조금
참기름 … 1큰술

만드는 법

1. 고구마의 절반은 껍질을 벗겨 얇게 썰고, 절반은 깍둑썰어 준비한다.
2. 껍질을 벗긴 고구마를 냄비에 물 2컵과 함께 넣고 끓인다.
3. 불린 쌀을 넣어 바닥에 눌어붙지 않도록 저어주면서 끓인다.
4. 고구마가 모두 으깨지고 쌀과 함께 섞이면 깍둑썰은 고구마와 설탕, 소금, 참기름을 넣고 물을 조금씩 부어 농도를 조절하며 끓인다.

맛있다, 밥 71

전복죽

전복은 타우린 함량이 높아 환자식 또는 기력이 없는 사람에게는 회복식으로 좋다.
일본의 죽은 대부분 밥으로 끓이는데 필자는 전복의 내장을 추가하여 쌀과 함께 믹서에 갈아 죽을 끓였다.
이렇게 하면 죽의 색깔도 예쁘고 풍미도 좋아진다.

오차스케 / 조스이 / 오카유

재료

전복 … 1마리(150g)
불린 쌀 … 1/2컵
물 … 30mL
참기름 … 1큰술
소금 … 조금
간 마늘 … 1큰술
계란 … 1개(노른자만 1개 더 준비한다.)
참기름 … 2작은술
깨소금 … 1큰술
미역 … 조금
실파 … 2줄기(초록 부분만 사용)

만드는 법

1. 전복은 숟가락으로 살을 뜯어 얇게 썰어 두고, 내장은 불린 쌀, 물 300mL와 함께 믹서에 살짝 갈아 냄비에 붓는다.
2. 냄비에 전복과 참기름을 넣고 전복죽을 끓인다. 이때 소금을 조금씩 넣으면서 간을 맞춘다.
3. 전복죽이 걸쭉해지면 간 마늘 1큰술에 물 3큰술을 섞어 체에 거른 뒤 마늘이 우러난 물만 냄비에 붓는다.
4. 계란을 풀어 전복죽에 붓고 잘 섞는다.
5. 대접에 전복죽을 담고 참기름을 뿌린 뒤 계란노른자를 올린다. 그 위에 깨소금, 미역, 송송 썬 실파를 곁들인다.

2

3

4

당신의 삶을 더욱 윤택하게 할 라이프스타일 필독서
스타일리시 리빙 시리즈

01 쉽게 배우는 재봉틀
미즈노 요시코 지음 | 김수연 옮김 | 148면 | 13,000원

초보자를 위한 재봉틀 입문서. 재봉틀을 사용하는 데 익혀야 할 기초 테크닉이 총망라되어 있으며, 재봉의 기본 도구, 다림질과 접착심 붙이는 방법, 옷감의 두께와 종류별 올바른 바늘과 실의 번호, 바이어스 만드는 방법부터 꿰매는 법까지 실제 재봉을 할 때의 과정과 방법을 풍부한 사진을 통해 설명하고 있다. 잘된 예와 잘못된 예의 비교 사진 및 다양한 팁 등이 더해져 있어 초보자일지라도 차근차근 배워나갈 수 있다.

02 쉽게 배우는 패턴&재단
미즈노 요시코 지음 | 김수연 옮김 | 112면 | 12,800원

초보자를 위한 홈 소잉 기초 교과서. 패턴과 재단을 쉽고 상세하게 설명하고 있으며, 양재를 시작하는데 익혀야 할 기초 테크닉을 총망라했다. 옷 만들기에 필요한 치수 재기, 원단 재단 방법, 패턴 사이즈 보정 방법 등을 풍부한 사진과 함께 자세히 설명하고 있다. 또한 잘된 예와 잘못된 예의 패턴을 통해 정확하게 재단하는 방법을 쉽게 이해할 수 있으며, 사진과 표본을 통해 직접 보면서 배울 수 있도록 했다.

03 스타일리시 손뜨개
미쿠니 마리코 지음 | 김수연 옮김 | 104면 | 12,800원

초보자를 위한 손뜨개 기초 교과서. 자신만의 개성이 담긴 손뜨개 니트를 뜰 수 있도록 풍부한 사진과 도안 일러스트를 자세하게 실었다. 뜨개질의 기초인 도안 읽는 방법, 기호 보는 방법, 코 만드는 방법 등과 장갑뜨기 레슨, 스티치 레슨, 교차뜨기 레슨 등을 사진을 통해 설명하며, 이를 응용해 손뜨개 작품을 만들 수 있도록 도와준다. 다양한 테크닉을 이용해 만들 수 있는 손뜨개 작품 사진과 함께 도안을 수록하여 편하게 사용할 수 있는 손뜨개 니트를 만들어 볼 수 있도록 했다.

04 리빙 위드 컬러 (인테리어 컬러의 모든 것)
주부의벗사 지음 | 나지윤 옮김 | 신혜원 감수 | 152면 | 13,000원

컬러 변화를 통해 인테리어를 쉽게 바꾸는 코디법을 제안하는 책으로 일본의 인테리어 잡지 《플러스원 리빙》에 소개되었던 아름다운 집들 가운데 컬러를 멋지게 활용한 공간을 선별하여 엮은 것이다. 컬러의 종류, 컬러가 감정에 미치는 영향, 컬러를 활용하는 장소, 컬러의 균형과 조합 등 인테리어 컬러를 다각적인 관점에서 소개한다. 이를 밑거름 삼아 좋아하는 컬러와 어울려 살며 지친 몸과 마음을 위로 받고 활력과 에너지를 얻을 수 있을 것이다.

05 우리 딸 옷 만들기 (부록:실물 크기 도안)
마노 야키코 지음 | 김수연 옮김 | 76면 | 13,000원

딸 가진 엄마라면 꼭 갖고 싶은 예쁘고 귀여운 여자 아이 옷 만드는 법을 소개한다. 봄부터 겨울까지 계절에 맞는 옷 만들기 방법을 담고 있으며, 책을 보면서 리넨, 코튼리넨, 기모리넨 등의 다양한 소재를 활용한 스커트, 바지, 조끼, 블라우스, 풀오버, 재킷, 원피스 등을 따라 만들어 볼 수 있다. 부록으로 모든 옷의 실물 크기 도안을 수록하여 누구나 직접 다양한 옷을 만들어볼 수 있도록 했다.

06 처음 배우는 코바늘 손뜨개
부티크사 지음 | 김수연 옮김 | 116면 | 12,500원

코바늘 잡는 법부터 다양한 뜨개 기법까지 초보자도 쉽게 배울 수 있도록 코바늘 뜨기의 기본 내용을 간결하게 담고 있다. 기본 도구 소개부터 실의 종류와 굵기, 형태, 사용법, 코바늘 뜨기의 명칭, 뜨개도안 보는 법, 각종 뜨기의 기본, 시작 코와 첫째 단 뜨는 법, 마무리와 실 정리, 모티브 잇기 등을 사진, 일러스트를 활용해 상세히 설명하고 있어 코바늘 뜨기를 시작해보고자 하는 이들에게 도움을 준다.

07 나만의 손뜨개
미쿠니 마리코 지음 | 김수연 옮김 | 지인스토어 감수 | 100면 | 12,800원

페어 아일 베스트, 포인트 단추가 달린 카디건, 방울 달린 챙모자, 에펠탑 무늬가 들어간 숄, 곱게 수놓은 미니백 등 옷부터 소품까지 나만의 손뜨개 제품을 만들어 볼 수 있다. 각각의 뜨개 방법을 실, 도구, 게이지, 사이즈까지 함께 담아 설명하고 있으며, 뜨개 도안을 상세하게 보여줘 즐겁게 손뜨개에 도전할 수 있도록 도와준다. 더불어 도안 읽는 방법, 기호 보는 방법, 손가락으로 만드는 기초코 등 손뜨개의 기초를 자세히 담고 있어 초보자도 쉽게 따라 해볼 수 있다.

08 쉽게 배우는 재봉&수선 (부록: 실물 크기 도안)
부티크사 편집부 지음 | 김수연 옮김 | 140면 | 13,500원

재봉의 기초부터 옷을 직접 수선하고, 하루 만에 소품을 만들어볼 수 있도록 구성한 홈 소잉 기초 교과서로 재봉을 처음 시작하는 초보자들을 위해 아주 작은 기초 지식까지 총망라한 책이다. 허리 고무줄이 늘어났거나, 스커트가 너무 타이트하거나, 세탁 후 바지 길이가 줄었거나, 지퍼가 고장 났거나, 바지 무릎이 튀어 나오는 경우 등 재봉 기술이 없더라도 간단하게 수선할 수 있는 방법을 사진과 함께 자세하게 알려준다.

09 공간 2배 행복 2배 수납법
일본라이프오거나이저협회 지음 | 김수연 옮김 | 136면 | 12,800원

집안 정리 스트레스를 줄여주는 똑똑한 수납법과 수납 정리 전문가들이 알려주는 잘 버리고 잘 사는 법을 소개한다. 자신에게 맞는 정리 및 수납법은 생각의 정리에서부터 시작된다고 이야기하며 자신의 가치 기준을 정리하고 공간을 정리하고 수납해나갈 수 있도록 돕는다. 누구나 어디에서 몇 번을 실행하더라도 성과를 거둘 수 있는 생활 속 수납을 시작하는 방법, 키워드별로 알아보는 쾌적한 구조를 만드는 아이디어와 용품을 알려준다.

10 셀프 인테리어 아이디어
이시 가나에 지음 | 김수연 옮김 | 132면 | 12,800원

일본 도쿄 출신의 인테리어 코디네이터이자 인테리어 및 생활 전반을 디자인하는 저자가 공구 한 번 들어본 적 없는 초보자라도 할 수 있는 쉽고 간단한 DIY부터 조금 난이도 있는 DIY까지 소소한 셀프 인테리어 아이디어를 소개한 책이다. '마음대로 개조가 가능한' 오래된 집을 구해 간단한 DIY 작업만으로 고쳐가며 살고 있는 저자의 6가지 DIY 노하우와 쉽게 따라 해볼 수 있는 54가지 셀프 인테리어 아이디어 등을 담고 있다.

11 코바늘 미니어처
부티크사 지음 | 김수연 옮김 | 에이니트 스튜디오(김원) 감수 | 92면 | 10,800원

간단한 코바늘 기술을 익힌 사람이라면 누구나 배울 수 있는 도안, 기초 테크닉, 금속 부자재 다는 법까지 수록되어 있다. 코바늘을 처음 배우려는 분들은 책 말미에 수록된 코바늘 기초 테크닉 편을 참고한다면 어려움 없이 따라 해볼 수 있으며 미니 가방, 배낭, 크로스백 목걸이, 핸드폰 케이스, 미니 파우치 등 74가지 코바늘 미니어처 소품이 소개되어 있다. 작은 작품 하나하나 완성할 때마다 코바늘 실력도 향상될 것이다.

12 자수 스티치 220
사쿠라이 가즈에, 사쿠라이 유코 지음 | 김현영 옮김 | 헬렌정(최수정) 감수 | 100면 | 11,800원

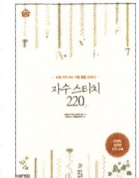

실전에서 바로 활용 가능한 220가지 기본 스티치 모음집. 자수 초보자라도 쉽게 따라 할 수 있도록 기본 스티치를 상세히 소개해 자수의 즐거움을 알고, 그 매력에 빠져들 수 있게 했다. 실제 수를 놓았을 때의 앞면과 뒷면의 모습을 사진으로 함께 담아 비교해가며 쉽게 이해할 수 있다. 수를 놓을 때 알아야 할 거의 모든 기법을 소개하고 있으며, 12가지 야생화와 알파벳, 숫자 도안과 책 안에 소개된 기법만 익히면 완성해볼 수 있는 작품도 곁들였다.

13 꽃 자수에 홀리다
모리 레이코 지음 | 김현영 옮김 | 헬렌정(최수정) 감수 | 84면 | 11,800원

장미, 데이지, 아카시아, 제비꽃부터 덩굴식물까지 다양한 꽃 자수 80여 점을 실었다. 한 가지 종류의 꽃이라도 여러 각도에서 바라본 모습을 담는 등 잎의 생김새를 전혀 다른 디테일로 표현하고 있어 차근차근 따라간다면 다양한 꽃 자수 작품을 수놓아볼 수 있다.

14 페인트 인테리어 A to Z
모스 지음 | 김혜원 옮김 | 160면 | 13,800원

페인트 칠을 하기 위해 우리가 알아두어야 할 모든 것을 소개한다. 페인트의 종류부터 시작해 가장 기본적으로 갖춰야 할 도구와 그 사용법을 세세하게 설명하고 있으며, 벽, 가구, 조명, 인테리어 소품 등을 예쁘게 칠하는 법을 상세한 사진과 함께 담았다. 나무의 결을 살려 페인팅 하는 법과 금속, 플라스틱, 세라믹 등의 소재별 페인팅 노하우도 더해졌다. 실력이 쌓였다면 보다 전문적인 페인팅 기법에도 도전해볼 수 있다.

맛있다, 밥

초판 1쇄 발행 2015년 7월 16일
초판 4쇄 발행 2017년 10월 1일

지은이 유희영
펴낸이 김영조
콘텐츠기획팀 허슬기, 강유진
마케팅팀 이유섭
경영지원팀 정은진
외부스태프 디자인 ALL design group
　　　　　　캘리그라피 설은향
　　　　　　촬영 이과용 (일오스튜디오)
펴낸곳 싸이프레스
주소 서울시 마포구 양화로7길 4-13(서교동, 392-31) 302호
전화 02-335-0385 / 0399
팩스 02-335-0397
이메일 cypressbook1@naver.com
홈페이지 www.cypressbook.co.kr
블로그 blog.naver.com/cypressbook
페이스북 www.facebook.com/cypressbook
인스타그램 @cypress_book
출판등록 2009년 11월 3일 제2010-000105호

ISBN 978-89-97125-82-1 13590

· 책값은 뒤표지에 있습니다.
· 파본은 구입하신 곳에서 교환해 드립니다.

이 도서의 국립중앙도서관 출판시도서목록(CIP)은
e-CIP홈페이지(http://www.nl.go.kr/cip.php)에서
이용하실 수 있습니다.(CIP 제어번호: 2015017851)